보수주의자의 양심

차례

옮긴이의 글

우리나라 보수는 오랫동안 반공과 국가개발주의에 몰두했다. 일정 기간 그런 전략이 유례없는 성공을 거두자, 보수는 거기에 도취되어 오로지 지난 좋은 시절(good old days)만 되뇌었다. 그들은 성공신화에서 단 한 발짝도 벗어나기를 주저했다.

이로 인해 어느 시대에나 통용되는 보수적 원칙을 가다듬으며, 시대의 변화에 능동적으로 대응하지 못했다. 심지어 보수주의자를 자처하면서도 정작 보수주의가 무엇인지 모르는 사람들이 비일비재하다. 오늘날 보수의 몰락은 탄핵이 아니라도 이미 예고된 참사다.

이제라도 제로베이스에서 "보수주의란 무엇인가?"라고 진솔하게 물어야 한다. 한마디로 보수에 대한 싱크(think)가 절실하다. 그래서 우리는 종종 바다 건너 미국의 다양한 싱크탱크(think tank)를 부러워하기도 한다. 그중에서도 대표적인 것이 헤리티지재단이다. 1973년에 설립된 이 재단은 보수주의의 싱크탱크로서 우리에게도 잘 알려져 있다.

이 재단과 떼어놓을 수 없는 인물이 바로 에드윈 퓰너(Edwin Feulner)다. 그는 이 재단의 설립 멤버로서, 1977년부터 2013년까지 무려 36년간 소장직을 맡았다. 한마디로 그의 삶이 곧 재단의 역사나 마찬가지다. 그는 두 권의 책 ─ 배리 골드워터의 『보수주의자의 양심』(1960)과 러셀 커크의 『보수의 정신』(1953) ─ 이 자신을 보수주의 운동에 투

신하도록 이끌었다고 고백한다. •

　이 두 권의 책은 풀너 개인이나 헤리티지재단뿐
만 아니라, 미국 보수주의나 공화당 노선에 결정적
영향을 미친 것으로 평가된다. 그중『보수의 정신』
(2018, 지식노마드)은 작년에 우리말로 소개되어,
독자들의 뜨거운 관심을 불러일으켰다. 그만큼 우
리는 보수주의의 정신이나 원리에 갈증을 느끼고
있다. 하지만『보수주의자의 양심』은 여전히 소개
되지 않고 있었다.

　커크가 전형적인 사상가라면, 골드워터는 전형
적인 정치인이다. 따라서『보수의 정신』이 학문적
사상서라면,『보수주의자의 양심』은 정치적 선언
문이다. 특히『보수주의자의 양심』은 원문으로 겨
우 123페이지에 불과하지만, 현실적인 주제에 대

●　Barry Goldwater,『The Conscience of a Conservative』(1960)
　　Russel Kirk,『The Conservative Mind』(1953)

해 구체적인 주장을 거침없이 펼치고 있다. 그리하여 헤리티지재단의 설립을 비롯해 보수주의 운동 및 정치에 보다 '직접적인' 영향을 미쳤다.

러셀 커크는 "미국인 100만 명이 그(골드워터)의 책을 주의 깊게 읽는다면 이 나라 전체와 세계가 좀 더 나아질 것"이라고 말했다. 실제로 '그의 책'은 수백만 권이 팔렸다. 그리고 커크의 예상대로 이 책은 적어도 미국을 확실하게 변화시켰다. 오늘날 미국의 보수주의, 나아가 양당체제는 이 책에서 비롯되었다고 해도 과언이 아니다.

미국에서 공화당은 보수를, 민주당은 진보를 표방한다. 유럽에 비해 미국 정당의 이념적 차이는 미미하여, 어느 당이 집권해도 차이는 별로 크지 않다. 골드워터의 주장대로 미국은 기본적으로 '보수국가'다. 하지만 양당의 정책 방향만큼은 뚜렷이 다르다. 공화당이 작은 정부, 연방 예산 억제, 감세, 사회보장 축소 등을 내세우는 반면, 민주당은 그 반대다. 한마디로 양당은 국가의 역할과 기능을 둘러싸고 대립하고 있다.

이처럼 이념이 다르면 정책 방향이 상이할 수밖에 없다. 왜냐하면 이념은 정책의 플랫폼(platform)이기 때문이다. 설사 자신의 정책이 유권자에게 인기가 없더라도, 근본을 함부로 바꿀 수 없다. 또한 상대방의 정책이 아무리 인기가 있더라도 그것을 쉽게 모방할 수도 없다. 이를 통해 건강한 이념 및 정책 경쟁이 벌어지는 것이다.

미국도 이러한 정치 시스템이 저절로 구축된 것이 아니다. 19세기에서 20세기 초반에 걸쳐 '자유'의 시대를 구가했다. 산업자본도 이러한 자유를 만끽하며 비약적인 경제발전을 이룩했다. 반면 자본의 횡포와 만성적 공급 과잉, 노동자 권리 침해, 시민사회 위축 등의 문제가 심화되었다.

그런 모순들이 폭발한 것이 대공황이다. 이를 계기로 민주당이 루스벨트와 트루먼을 앞세워, 1932

년부터 20년간 내리 집권하며 뉴딜정책을 강력하게 전개했다.

뉴딜정책은 정부의 역할을 강화하고 평등을 지지하는 노선이다. 1952년부터 8년간 공화당의 아이젠하워가 집권하였으나, (골드워터가 보기에는) 뉴딜정책의 굴레를 벗어나지 못했다. 더구나 1960년 대선에서 민주당이 다시 정권을 탈환할 기세였다(실제로 민주당의 케네디가 승리했다). 이때 골드워터는 미국의 보수주의가 커다란 위기에 빠졌다고 진단했다.

이처럼 과도한 국가 개입으로 인해 자유가 침해당하는 것이 보수주의자의 양심에 위배된다고 외친 것이 바로 이 책이다. 골드워터는 이런 환경에서 '자유를 수호하고 확대하는 것'이 바로 보수주의자의 책무라고 역설했다. 그는 이 책을 통해 정치인으로서는 최초로 체계적인 보수주의 가치를 제시함으로써 순식간에 미국 보수주의 운동의 기수로 떠올랐다.

1964년 그는 록펠러 등 명망가 그룹을 물리치고, 극적으로 공화당 대통령 후보가 되었다. 후보 수락 연설에서도 자신의 보수주의 가치를 재차 확인하며 "자유의 수호에 있어서 극단주의는 결코 악이 아니다."고 외쳤다. 본선에서도 거침없이 소신을 피력했지만, 그의 비타협적인 태도는 곳곳에서 반발을 초래했다. 결국 '우익 극단주의자'라는 오명을 들으며 참패하고 말았다(그는 50개 주 가운데 겨우 6개 주에서만 승리했다). 사람들은 그와 공화당은 재기하기 어렵다고 생각했다.

그러나 시간이 조금 흐르며 그의 주장을 둘러싼 정치적 거품이 가라앉자, 그의 목소리는 차츰 공감을 불러일으키기 시작했다. 차분히 생각해보면, 그의 핵심 메시지 — 자유시장, 작은 정부, 개인의 자유, 강력한 국방 — 은 어느 누구도 결코 외면하기 어려운 원칙이었다. 이런 재평가 분위기에 힘입어 그는 상원의원으로 정치적 재기에 성공했다.

특히 그의 생각은 로널드 레이건 등 차세대 정치인들이나, 에드윈 퓰너 전(前) 헤리티지재단 소장 등 젊은 지식인들에게 커다란 영향을 미쳤다. 이에 힘입어 헤리티지재단의 설립을 비롯해 다양한 보수주의 운동이 전개되었다. 1980년 레이건의 집권으로 그의 보수주의가 한껏 빛을 발하게 되었다. 그는 평생 공화당의 정신적 지주로 존경받았다.

『보수주의자의 양심』은 1960년 초판이 나온 이래 350만 부 이상 발간되었다. 요즘도 계속해서 다양한 형태로 재출간이 이뤄지고 있다. 오늘날 관점에서 보면, 이 책의 내용은 다소 거칠고 낡은 점도 없지 않다. 그러나 그 핵심적 메시지는 시대를 초월해 변함없이 유효하다. 그가 제시한 가치들이 바로 미국 보수주의의 기반이자, 공화당 노선의 전범(典範)이 된 것이다.

위기에 몰리면 우리는 흔히 타협을 생각한다. 그러나 골드워터는 적당한 타협 대신 철저한 원칙을 제시하며, 기꺼이 정치적 파멸을 감수했다. 그 대신, 보수주의의 혼을 흔들어 깨웠다. 미국의 보수주의는 그 불씨로 되살아났다. 이를 통해 그는 '44개 주를 잃고 미래를 얻은 사람'이 되었다. 아울러 '가장 영향력 있는 낙선자'라는 칭호도 얻었다.

『보수주의자의 양심』은 미국 이야기다. 우리가 그대로 좇아할 수도 없고, 좇아해서도 곤란하다. 그러나 위기 속에서 정치적 죽음을 불사하고 혼과 원칙을 세운 점은 우리에게 절절한 타산지석(他山之石)이다. 우리 보수 역시 엉거주춤 살 궁리나 하려다가는 그나마 실낱같은 명줄마저 끊기고 말 것이다. 그것은 보수의 불행일 뿐만 아니라, 진보의 불행이요, 나아가 국가의 불행이다.

『보수주의자의 양심』이나 배리 골드워터는 우리

에게 여전히 익숙하지 않다. 독자의 이해를 돕기 위해, 앞부분에 「어떤 책인가?」라는 제목으로 이 책에 대한 간략한 해설을 붙여보았다. 거기서 우리는 보수주의의 진수를 맛볼 수 있다. 또한 책 말미에 부록으로 「어떤 인물인가?」라는 제목으로 골드워터 개인에 대해서도 간단히 살펴보려고 한다. 거기서 우리는 보수주의자의 품격을 엿볼 수 있을 것이다.

이 책이 보수를 고민하는 사람들에게 유용한 생각거리가 되기를 바란다. 물론 진보를 제대로 해보고 싶은 사람이 읽어도 더없이 유익할 것이다. 보수와 진보는 서로 간에 절멸시켜야 할 적(敵)이 아니라, 상생해야 할 파트너다. 그런 점에서, 궁극적으로 우리 모두의 세계관을 더욱 풍부하고 균형 있게 만드는 데 이 책이 조금이라도 도움이 되기를 소망한다.

어떤 책인가?

  자유와 평등은 인류의 이상이다. 하지만 둘을 동시에 늘리기는 어렵다. 자유를 늘리면 평등이 줄어들고, 평등을 늘리면 자유가 줄어든다. 이처럼 양자가 상호갈등적인 탓에, 현실적으로 적절한 조합이 불가피하다. 바로 그 조합의 방식 및 수준이 한국가나 정당의 이념적 정체성을 결정한다. 대체로자유를 강조하는 경향이 보수주의이고, 비교적 평등을 강조하는 경향이 진보주의다.

이처럼 보수와 진보는 우열의 문제도 아니요, 신구(新舊)의 문제도 아니다. 다만 인간다운 세상을 만드는 원칙이나 방법상의 대립일 뿐이다. 저자에 따르면, "상황은 변한다. 그래서 상황에 의해 만들어진 문제도 변한다. 그러나 문제의 해결을 관장하는 원칙은 변하지 않는다." 보수주의 역시 시대를 가로질러 언제나 유효한 원칙이다.

그럼에도 보수주의는 시대에 뒤떨어졌다는 오해를 받기 일쑤다. (오늘날 한국에서는 더 말할 나위도 없다!) 따라서 저자는 무엇보다 "초창기부터 우리 공화국을 이끌어 온 오래되고 검증된 진리(곧 보수주의)가 오늘날에도 변함없이 유효하다는 점을 구체적으로 입증하는 것이 보수주의자의 책무다."고 주장한다.

저자는 상원의원으로서 미국 전역을 다니며 많은 사람들을 만났다. 그가 관찰한 바로는 "미국은 보수국가다." 실제로 미국만큼 지구상에 보수적인 나라도 드물다. 그럼에도 워싱턴의 정치는 온통 진보적인 어젠다(agenda)를 둘러싸고 힘겨루기를 하고 있다. 이것은 정치가 국민의 마음을 제대로 반영하지 못하고 있다는 방증이다. 저자는 이런 괴리를 타파하려는 시도로써 이 책을 쓴다고 말한다.

상당수의 보수주의자들은 보수주의자라고 자처하기를 꺼린다. 그 대신 흔히 '따뜻한' 보수주의자, 심지어 '진보적' 보수주의자라고 불러달라고 주문한다. 저자는 이것이 보수주의에 대한 이해와 신념이 부족한 탓이라고 질타한다. 그런 사람들은 "경제에 대해서는 보수적, 인간에 대해서는 진보적이다."는 궤변까지 늘어놓는다. 그러나 보수주의야말로 인간의 본성에 가장 충실한 생각이라는 것이 저자의 주장이다.

보수주의는 모든 사람이 각각 독특한 창조물이

라고 바라본다. 사람마다 차이가 있으며, 따라서 각자가 서로 다른 잠재력을 개발해야 한다. 또한 인간에게서 정신적 면과 경제적 면을 나눌 수 없다. 오히려 인간에게 가장 중요한 것은 자유의 정신이다. 다만 자유를 누리되, 자기 선택에 대해서는 스스로 책임을 져야 한다. 이런 원칙들에 따라 삶을 영위해야 인간이 존엄한 존재가 된다는 것이 보수주의의 정신이다.

반면, 진보주의는 사람은 평등하고 동일하다고 본다. 사람에게는 경제적 면이 중요하며, 그것이 보장되면 정신적인 면은 저절로 고양된다고 믿는다. 그러나 평등의 명분으로 국가가 무분별하게 개입하기 시작하면, 권력은 비대해지고 인간은 의존적 존재로 타락하게 마련이다. 그 속에서 자유가 침해되고 인간의 존엄성이 손상되는 것을 바라보면 '보수주의자의 양심'이 상처를 받는다는 것이 저자의 비분(悲憤)이다.

물론 자유를 지키기 위해서는 적당한 질서가 필요하다. 그러나 오늘날 세계는 자유보다는 질서 쪽으로 지나치게 기울어졌다. 다른 나라보다 정도가 약하기는 해도, 미국 역시 그런 방향으로 기울고 있다. 따라서 보수주의자는 사회질서가 유지되는 한도에서 최대한 개인의 자유를 성취하도록 노력해야 한다. 이처럼 '자유를 지키고 늘리는 것'이 이 시대의 보수주의자의 책무인 것이다.

흔히 사람들은 정부가 무슨 일이든 할 수 있다고 생각한다. 더구나 많은 일을 할수록 좋다고까지 생각한다. 하지만 권력은 커질수록 스스로 점점 더 증식하려는 속성이 있다. 그래서 "절대 권력은 절대 부패한다."는 금언(金言)이 나온 것이다. 건국의 아버지들도 이 점을 정확히 인식하고 헌법에 반영했다. 헌법은 한마디로 '절대주의의 방향으로 팽창하려는 정부의 자연스러운 경향성에 대한 억제 제도'다.

여기서 미국 헌법의 정치적 함의(含意)를 간단히 살펴볼 필요가 있다. 미국은 먼저 커뮤니티가 확립된 다음에, 주(州)가 성립되었다. 각 주가 거의 개별 국가처럼 기능하다가, 처음에 13개 주가 모여 말 그대로 합중국(United States)을 만들었다.

이때 하나의 연방국가를 만들기 위해 주들 사이에 합의한 기본원칙이 바로 헌법이다. 또한 이 원칙에 근거하여 연방에 가입하는 주를 차례차례 늘려나갔다. 그런 점에서 '헌법은 수권문서(授權文書, enabling document)'라는 말이 미국만큼 어울리는 나라도 드물다.

미국 헌법은 특별한 경우에만 연방 정부에 권한을 이양했다. 오히려 대부분의 권한은 주와 주민에게 유보했다. 그러나 뉴딜정책 등으로 연방 정부의 역할이 커지면서 주의 권리와 시민의 권리는 점점 위축되었다. 여기에 편승해 정치인들이 유권자들에게 무엇이든 해주겠다고 약속하는 일이 벌어지게 되었다. 이런 경쟁적 약속으로 말미암아, 정부 비대화 및 그에 따른 권력 집중화가 더욱 심화되었다.

따라서 무엇이 필요한 일인가에 앞서, 헌법 정신에 위배되는가를 먼저 물어야 한다. 더구나 '필요하다'는 판단도 정부가 하는 것이다. 따라서 필요 유무를 떠나, 헌법 정신에 위배된다면 연방 정부는 절대로 나서지 말아야 한다. 유권자들도 '헌법 정신에 투철하여, 주어진 권력마저 기꺼이 포기할 줄 아는' 정치인을 뽑아야 마땅하다는 것이 저자의 주장이다. 즉, 우리에게 필요한 것은 무엇이든 해주겠다는 정치인이 아니라, 불필요한 것을 하지 않겠다는 정치인이다.

사회적, 문화적, 교육적, 인종적 문제 등은 '직접 관련된 사람들'이 가장 잘 이해하고 가장 잘 해결할 수 있다. 사회적, 문화적 변화가 아무리 바람직할지라도 섣불리 국가권력에 의해 추진되지 말아야 한다. 그런 방식은 "폭군에게 왕좌를 내주고 자유에 대해 불행한 결말을 가지고 온다." 그것이 바로 미국 헌법의 취지인 것이다.

이처럼 저자는 연방 정부(즉 중앙 정부)의 비대화가 헌법 정신에 위배되며 주(州)의 권리와 시민의 자유를 위축시키고, 궁극적으로는 사람들을 예속적 존재로 만든다고 비판한다. 또한 이런 원칙에 입각하여 구체적인 현실 문제를 하나하나 짚어본다. 다만 우리는 그의 주장을 미국적 현실에 비추어 이해할 필요가 있다. 말할 나위도 없이, 우리 현실에 그대로 대입하기는 어렵다. 하지만 그가 제시하는 원칙과 정신을 정확히 이해하는 것은 매우 유익하다.

미국 수정헌법 제10조(주와 주민의 보유 권한)는 "헌법에 의해 합중국(연방 정부)에 위임되지 않고, 또한 주에 대해 금지되지 않은 권한은 모두 각

주나 주민이 보유한다."고 말한다. 그럼에도 뉴딜
정책 이래 오늘날 이 조항이 무시되고 연방 정부의
개입이 과도하다는 것이 저자의 진단이다.

　한마디로 "뉴욕시에서 얼마만큼의, 어떤 종류의
공적 재정 투입 슬럼 철거가 필요하며 또한 가능한
지를 뉴욕시민보다 누가 더 잘 알겠는가?" 더구나
정부 보조금은 '공짜'가 아니다. 그것은 주민의 주
머니에서 나간 것이고, 오히려 정부가 '브로커 수
수료'를 떼고 돌려주는 것일 뿐이다. 더구나 그 돈
의 사용 결정권이 정부의 '소굴' 속에 깊숙이 자리
잡은 어떤 위원회에 의해 행사된다. 이런 부당한
개입은 철폐되고, 헌법이 보장한 주권(州權)이 보
장되어야 한다.

　시민권도 마찬가지다. 저자는 당시 공립학교에
서 흑백 분리 교육을 금지한 대법원의 판결을 비판
한다. 그의 주장은 얼핏 보아 인종 차별주의자처럼
비친다. 실제로 그는 인종 차별주의자로 비난받았

고, 그것이 그가 대통령선거에 낙선하는 하나의 원인이 되기도 했다.

그러나 그가 그런 판결을 비판한 이유는 다른 곳에 있다. 헌법에 따르면, "교육에 관해 어떠한 권한도 연방 정부에 부여되지 않았다." 따라서 그런 문제는 각 주에서 해당 주민들이 자발적으로 해결할 문제지, 연방이 개입할 문제가 아니라는 것이 그의 소신이다.

실제로 그는 1946년, 애리조나 공군방위대의 흑백 통합을 주도했다. 그것은 민주당의 트루먼 대통령이 미군의 인종 차별금지를 명령하기 2년 전이었다. 또한 공직에 출마하기 이전부터 각종 흑인 인권단체의 회원으로 활동했다. 그는 개인적으로는 일찍부터 인권운동에 참여했다. 그럼에도 그런 문제가 연방 정부에 의해 규율되는 것은 헌법에 위배된다고 생각했다.

농업에 관한 헌법의 가르침도 아주 분명하다. 헌

법은 농업에 관한 일체의 권한을 중앙 정부의 어떠한 부서에도 부여하지 않고 있다. 그럼에도 정부가 보조금을 지급하고 생산을 통제하는 것은 부당하다. "다른 산업과 마찬가지로, 농업 생산도 자유시장의 자연스러운 작동에 의해 가장 잘 조절된다." 따라서 중앙 정부는 농업에서 손을 떼야 한다. 농업 역시 주와 주민의 문제이고, 그들이 가장 잘 해결할 수 있는 문제다.

오늘날 노조는 노동자의 경제적 이익을 지키는 수준을 넘어서 과도하게 정치화되었다. 무엇보다 '노동조합 지도자 손에 집중된 엄청난 경제적, 정치적 권력'이 문제다. 지도부는 무소불위의 권력을 행사하며 무분별한 정치 개입을 일삼는다. 조합원은 자신이 낸 조합비로 지도부가 자신이 반대하는 당을 지원해도 속수무책이다.

이것은 정치적 자유에 대한 명백한 침해다. 또한

조합은 산별(産別) 협상을 고집하여 각종 무리한 요구를 관철한다. 노조는 해당 사업장별로 근로조건을 개선하는 일에 전념해야 마땅하다.

정부가 나서서 강제적 조정을 하는 방법도 있으나, 정부는 노조의 횡포에 대해 수수방관만 하고 있다. 물론 그런 방식이 반드시 바람직한 것도 아니다. 오히려 정부의 과도한 개입을 터줄 우려가 있다. 따라서 무분별한 기업 활동을 반(反)독점법 등으로 효과적으로 규제했듯이, 노조의 과도한 권력을 법적으로 분산, 억제할 필요가 있다. 기업의 권력 집중에 대해서는 다양한 규제를 하면서, 노조의 권력 집중에 대해서는 아무 조치도 하지 않는 것은 모순이다.

말할 나위도 없이 정부 지출은 되도록 줄여야 마땅하다. 이를 위한 효과적인 유일한 방법은 '과잉 지출이 소요되는 프로그램을 없애는 일'이다. 거기에는 사회복지 프로그램, 교육, 공권력, 농업, 공공

주거, 도시 재개발, 그리고 '좀 더 낮은 수준의 (지방) 정부에 의하거나, 민간기구에 의하거나, 민간에 의해 수행될 수 있는 모든 기타 활동들'이 포함된다.

하지만 저자는 연방 정부가 '하룻밤 사이에' 이런 모든 프로그램을 포기하라고 제안하지 않는다. 그 대신, 그는 '단계별 후퇴를 위한 견실한 시간표'를 확정하여 매년 각 분야에서 얼마씩 연방 지출을 줄여나가라고 요구한다. 지출 삭감과 감세는 자연스럽게 국민들에게 '언제나 외적에 대한 궁극적인 방위력이 될 경제력'을 든든히 보장해준다는 것이 그의 지론이다.

복지 국가는 어느 나라에서나 유권자에게 강력한 정서적 호소력을 갖는다. 그래서 정치인들은 경쟁적으로 복지를 늘리겠다는 약속을 하게 된다. 그러나 이 문제에 대해 저자는 단호하다. 그는 위엄있고 근면하고 자립적인 정신적 존재에서, 자신도 모르는 사이에 의존적인 동물적 창조물로 인간을 변모시키는 것이 복지 국가의 가장 큰 해악이라고 주장한다.

흔히 우리는 재정 부담 능력의 측면에서 복지문제를 논의한다. 그러나 보수주의는 재정 능력을 논하기 이전에 그것을 철학적으로 바라본다. 그것이 정부의 개입을 확대하고 인간을 의존적인 존재로 만들어, 궁극적으로는 인간의 존엄성과 자유를 잃게 만든다는 것이다. 또한 복지 재원 마련을 위해 과세를 늘려야 하고, 과세의 확대는 개인의 처분, 즉 자유를 억압하게 되는 것이다. 그런 견지에서 복지는 기본적으로 되도록 절제되어야 한다는 것이 보수주의의 시각이다.

실제로 교육 인프라는 충분히 갖춰져 있다. 연방 정부의 보고서를 보더라도, 양적인 면에는 더 이상 투자가 필요 없을 정도다. 그럼에도 연방 정부가 헌법을 무시하고 과도한 보조금을 나눠주며, 거기에 각종 조건을 붙여 간섭을 일삼는 점이 다시금 비판된다. 그에 따르면, 오늘날 문제는 교육의 질적인 변화 및 향상이다. 그것은 주(州)와 지역사회가 가장 잘 대응할 수 있는 과제다.

미국의 발전은 대중들이 당시의 문제들에 대해 평균적인 지능을 활용한 결과가 아니다. 그것은 "모든 주민의 자유와 물질적 행복을 진전시키기 위해 그들의 지혜를 활용한 현명한 개인들의 총명함과 헌신의 결과이다." 따라서 교육기준을 평범성(mediocrity)에서 우수성(excellence)으로 바꾸지 않는다면, 우리는 그런 탁월한 지도자들을 길러낼 수가 없다. 무엇보다 우리는 학생들이 각자가 자신의 재능을 충분히 발휘하도록 장려해야 한다.

이 책의 마지막 부분은 외교와 냉전에 할애되었다. 1945년 미국은 핵실험 성공으로 핵 독점 국가가 되었으나, 곧바로 소련의 핵실험 성공으로 그 독점이 깨졌다. 또한 소련은 오히려 미국보다 앞서 인공위성을 쏘아 올렸다. 핵 경쟁, 우주 경쟁 등을 통해 동서 냉전은 갈수록 격화되었다. 따라서 당시에는 미국이 소련에 의해, 추격을 넘어 추월당하는 것이 아닌가 하는 불안감이 널리 퍼져 있었다.

이런 분위기 속에서 공산주의는 적극적인 공세를 취하지만, 미국이나 자유 세계는 방어하기에 급급하다는 것이 저자의 관찰이다. 그는 공산주의는 '승리'를 추구하지만, 우리는 '해결'을 추구한다고 꼬집는다.

따라서 미국도 해결에만 매달리지 말고, 분명히 승리하는 것으로 목표를 설정해야 한다고 목청을 높인다. 또한 철저히 미국의 국익을 고려해야 하며, 과도한 UN 분담금이나 대외 원조 등은 가급적 축소되어야 한다는 것이 그의 주장이다.

저자는 우리가 무조건 위험을 피하려고만 하지 말고 '각오해야' 한다고 촉구한다. 그는 우리 앞에 두 가지 길이 있다고 주장한다. 그것은 주도권에 관한 문제다. 공산주의자들이 지금같이 공격적인 자세로 우리에게 항복하거나 '가장 불리한 환경 아래에서' 전쟁을 받아들이라고 강요하느냐? 아니면, 미국이 주도권을 쥐겠다는 강한 의지로써 소모전도 불사하며 그들의 내부적 붕괴를 추구하느냐? 1980년대 레이건 정부는 후자의 방식에 충실히 따랐다. 결과적으로 이를 통해 동서 냉전이 마무리되었다고 볼 수 있다.

이처럼 저자는 미국의 국익을 강조하며, 국익을 수호하기 위해 공산주의에 대한 강경한 대응을 주문했다. 그러나 냉전체제가 해체된 오늘날, UN 분담금이나 대외 원조의 대폭 삭감을 주장하는 저자의 국익 우선주의가 도드라지게 남는다. 그것이 바로 트럼프의 '미국 우선주의'와 맞닿아 있다고 볼 수 있다. 그만큼 골드워터의 생각은 보수주의 또는 공화당 이념의 뿌리로서 여전히 생명력을 가지고 있다.

이 책은 거의 60년 전 미국의 현실에 대한 어느 보수주의자의 진단 및 처방이다. 오늘날 우리와는 시간적으로나 공간적으로 상당한 거리감이 있다. 특히 미국의 헌법 및 자치의 전통은 우리와 다르다. 전통적으로 자치의 토대가 없는 우리로서는, 일부 사안에 대해 다소 낯선 면도 없지 않다. 하지만 그런 논의들의 바탕에는 한결같이 보수주의의 가치가 선명하게 깔려 있다.

　무엇보다 우리는 국가가 모든 것을 책임져야 하는 것처럼 생각하는 경향이 강하다. 그러나 국가가 모든 것을 해준다면 권력은 점점 비대해지고 사람들은 의존적인 존재가 되어, 결국 자유와 존엄성을 잃게 된다는 것이 저자의 주장이다. 더구나 그것은 현실적으로 가능하지도 않다. 실제로 "국가가 모든 것을 책임지겠다."는 실험은 이미 역사 속으로 사라진 지 오래 되었다.

　물론 저자가 정부의 역할을 모조리 부인한 것은

아니다. 그는 헌법 정신에 따라 연방 정부의 권한을 축소하고, 주(州)와 주민에게 자유와 선택을 주라고 촉구한다. 이 책에서 더 이상 언급되지는 않았지만, 주 정부와 주민 사이도 마찬가지일 것이다. 거기서도 주 정부보다는 가급적 주민이 자율과 선택을 향유해야 마땅한 노릇이다. 이처럼 보수주의는 자유와 선택, 그에 대한 책임을 상대적으로 중시하는 원리다.

우리(한국)는 역사적으로 자유에 대한 내면적 이해가 일천하다. 이로 말미암아 정서적 측면에서 자유보다는 평등 또는 질서 쪽으로 크게 기운 사회다. 심지어 많은 사람은 "정부가 모든 것을 책임지겠다."는 말을 당연하게 생각하기조차 한다.

그러나 현실적으로는 불평등이 점점 깊어지고, 공동체의 질서는 오히려 약화되고 있다. 오늘날 대한민국은 OECD 국가 가운데 미국에 이어 2, 3위를 다투는 지독한 불평등 국가다. 이런 기이한 간극이 시사하는 바는 매우 심각하다. 보수주의는 이런 간극에 대해 처절한 반성을 하되, 또한 그 간극을 메우기 위해 대담한 도전에 나서야 한다.

저자는 미국 사회가 오랫동안 뉴딜정책 등 진보주의로 지배된 나머지, 보수주의가 거의 고사했다고 분개했다. 따라서 강렬한 방식으로 보수주의의 정신을 처절하게 일깨웠다. 이로 인해 그는 '우익극단주의자'라는 오명을 뒤집어쓰고 대통령선거에서 참패했다. 역설적으로 바로 그런 '철저한' 파멸로부터 보수는 희망의 싹을 틔웠다. 오늘날 우리의 보수에게도 그런 담대한 도전과 희생이 절실하다.

보수주의자의 양심

머리말

이 책은 보수적 철학을 확장하거나 개선하려는
의도로 쓴 것이 아니다. 또한 '그것을 최신화(最新
化)하려는 것'도 아니다. 초창기부터 우리 공화국
을 이끌어 온 오래되고 검증된 진리들은 오늘날 우
리에게도 마찬가지로 잘 맞을 것이다. 오늘날 보수
주의자들의 과제는 이 입증된 철학이 우리 시대의
문제들에 어떻게 관련되는지를 있는 그대로 보여

주는 일이다.

이러한 시도를 하도록 나를 이끈 생각들을 설명해보겠다. 나는 정치인이다. 미국 상원의원이다. 그러한 지위로 인해 나는 미국 사람들의 정치적 성향에 관해 중요한 사실을 배울 기회를 얻었다.

나는 이 거대한 나라를 종횡으로 수없이 누비며, 민주당원이든 공화당원이든, 농민이든 노동자든 비즈니스맨이든, 수많은 사람들과 대화를 나눴다. 그 결과, 나는 미국이 근본적으로 보수국가라는 점을 발견했다. 미국인들, 특히 젊은이들은 급진적 또는 진보적 접근 방식이 잘 작동하지 않았고, 지금도 작동하고 있지 않다고 판단하는 경향이 강하다. 그들은 보수주의적 원칙으로 돌아가기를 갈망하고 있다.

동시에, 나는 보수주의가 워싱턴에서 어떻게 흘러가고 있는지를 직접 관찰할 지위에 있었다. 사람들 사이에서 일어나는 보수주의의 부활에도 불

구하고, 진보주의라는 미명 아래 뉴딜 및 페어딜
(New and Fair Deal)● 에 의해 촉발된 급진적 사고
들이 정부의 각급 회의체를 여전히 지배하고 있다
는 점은 너무나 분명하다.

사람들의 복지가 국가 온정주의보다 개인적 자
립에 달려있다는 점이 오늘날 널리 받아들여지고
명백히 입증된 나라에서, 의회는 정부 복지정책의
확대를 작게 하느냐 크게 하느냐를 놓고 해마다 심
의를 벌인다.

연방 정부가 너무 많이 지출한다는 점이 오늘날
널리 받아들여지고 명백히 입증된 나라에서, 의회
는 연방 예산을 수십억 달러 늘려야 할지 수백억

● 뉴딜 정책이란, 대공황 극복을 위해 프랭클린 루스벨트(Franklin
Roosevelt) 정부가 주도한 각종 공공정책 및 사회개혁정책을
가리킴. 페어딜 정책이란, 루스벨트를 계승한 해리 트루먼
(Harry Truman) 대통령 정부가 주도한 각종 사회개혁정책을
가리킴. 루스벨트-트루먼의 민주당 집권(20년) 동안 연방
정부가 비대해지고 자유와 헌법 가치가 크게 훼손되었다는
문제의식이 이 책의 집필 동기임 _옮긴이

달러 늘려야 할지를 놓고 해마다 심의를 벌인다.

개인적 자유가 분권화된 정부에 달려있다는 점이 오늘날 널리 받아들여지고 명백히 입증된 나라에서, 의회는 주 정부가 연방 정책에 보조를 맞추게 하느라 강력한 조처를 해야 할지 완화를 해야 할지를 놓고 해마다 심의를 벌인다.

공산주의가 우리를 파괴시키려고 하는 적이라는 점이 오늘날 널리 받아들여지고 명백히 입증된 나라에서, 의회는 소련과 '공존'하는 수단을 놓고 해마다 심의를 벌인다.

그래서 이런 질문이 저절로 생긴다. 왜 미국 사람들은 그들의 견해를 적절한 정치적 행동으로 옮길 수 없었는가? 왜 보수주의적 원칙에 대한 국민의 잠재적인 충성이 워싱턴에서 (그에 걸맞은) 실행을 가져오지 못했는가?

나는 정부에 있는 형제들을 책망하지 않는다. 그들 모두는 그들의 자리에서 열심히 그리고 성실하게 일하고 있다. 나는 보수주의자, 곧 우리 자신, 아니 내 자신을 책망한다. 우리의 실패는 어느 보수주의적 필자가 지적했듯이 보수주의적 입증의 실패다.

비록 우리 보수주의자들이 우리 사회가 병들고 있다는 점을 확실히 깨닫고, 보수주의가 국가적 구제의 열쇠를 쥐고 있다는 점을 알아차리고, 또한 온 국민이 우리의 생각에 동의한다는 점을 분명히 느낄지라도, 우리는 시대의 요구에 대한 보수주의적 원칙들의 실천적 타당성을 입증하지 못하고 있는 것처럼 보인다.

의회가 국가에 닥친 실질적인 문제가 아닌 문제들에 대해 임시변통으로 해법을 마련하려고 하는 동안, 또한 정부가 상상 속의 관심사나 어루만져주려고 하며 정작 사람들의 실질적인 관심사나 실질적인 요구를 외면하는 동안, 우리는 무기력하게 앉아서 구경만 하고 있다.

대체로 우리는 대중 전달 매체를 지배하는 사람들의 판단에 너무 과민하게 반응하여 그들에게 휘둘린다. 우리는 매일 '훤히 통달한' 비평가들에 의해 정치적 무기력 상태에 처하게 된다.

우리는 보수주의가 시대에 뒤떨어졌다는 말을 듣는다. 그 비난은 터무니없는 것이고, 우리는 분명하게 그렇게 말해야 한다. 하느님(God)이나 자연의 법칙에는 시한(時限)이 없다. 보수주의적인 정치적 입장이 근거하는 원칙들은 시대에 따라, 또한 나라에 따라 변화하는 사회적·경제적·정치적 상황과는 전혀 관계없는 과정에 의해 확립되었다.

이러한 원칙들은 사람들의 본성으로부터, 또한 하느님이 그의 창조에 관해 드러내 보인 진리로부터 유래한다. 상황은 변한다. 그래서 상황에 의해 만들어진 문제도 변한다. 그러나 문제의 해결을 관장하는 원칙은 변하지 않는다.

보수주의 철학이 시대에 뒤떨어졌다고 주장하는

것은, 황금률(Golden Rule)●이나 십계명이나 아리
스토텔레스의 『정치학(Politics)』이 시대에 뒤떨어
졌다고 말하는 것과 마찬가지다. 보수주의적 접근
방식은, 과거의 지혜나 경험이나 이미 입증된 진리
를 오늘날 문제에 적용하려는 시도 이상도 이하도
아니다.

　도전은 새롭거나 다른 진리를 찾는 것이 아니라,
바로 현재 세계의 문제들에 이미 확립된 진리를 적
용하는 방법을 배우는 것이다. 나의 희망은 다시
한번 보수주의적 목소리가 이러한 도전에 잘 대처
하는 데 도움이 되도록 하는 것이다.

　이 책은 이론과 실제 사이의 간극을 메워보려는
시도이다. 나는 나의 연설, 라디오나 텔레비전 방

● 황금률(Golden Rule)이란, '남에게 대접을 받고자 하는 대로
　너희도 남에게 대접하라.'(마태복음 7장 12절, 누가복음 6
　장 31절)에 나타난 기독교의 핵심 윤리를 가리킴. 여기로부
　터 '네가 원하지 않는 것은 남에게도 하지 마라.'는 원칙도 파
　생됨 _옮긴이

송 내용, 그리고 내가 여러 해에 걸쳐 적어 놓았던 메모들을 정리해보려고 한다. 이를 통해 상원의 의원석에 앉아서 겪는 분주한 일상사 속에서는 흔히 할 수 없는 일을 해보고 싶다. 그것은 바로 그토록 광범위하게 신봉되는 보수주의적 원칙과, 그토록 일반적으로 무시되는 보수주의적 행동 사이의 관련성을 보여주는 일이다.

제
1
장

———

보수주의자의 양심

나는 오늘날 보수적 본능을 가진 그토록 많은 사람들이 그것을 변명하도록 강요받는 느낌이 드는 분위기를 매우 우려해 왔다. 비록 직접적으로 변명하지 않더라도, 가슴을 치는 절절한 방식으로 그들의 약속에 단서를 달도록 강요받기도 한다.

닉슨 부통령은 "공화당 후보들은 경제적 보수주의자여야 한다. 그러나 가슴을 가진 보수주의자여야 한다."고 말한 바 있다. 아이젠하워 대통령은 그의 첫 임기 동안 "나는 경제적 문제에 대해서는 보수적(conservative)이었다. 그러나 인간 문제에 대해서는 진보적(liberal)●이었다."고 천명하였다.

여전히 다른 공화당 지도자들도 자신들을 '진보적' 보수주의자●●로 불러달라고 강력히 요구했다.

● liberal, liberalism은 우리말로 정확히 옮기기 어려운 개념이지만, 통상적인 용법에 따라 '진보적,' '진보주의'로 옮겼음 _옮긴이

●● 이것은 참으로 이상한 딱지이다. 그것은 '본래의'(ordinary) 보수주의가 진보를 가로막는다는 것을 의미한다. 보수주의적 원칙들이 존중되고 지켜졌을 때 미국이 가장 위대한 진보를 이룩했다는 사실을 잊었던 말인가? _원저자

이러한 공식화는 바로 보수주의가 협소한 기계적 경제이론이라는 고백이나 다름없다. 그것은 경리 직원의 지침으로는 아주 잘 어울릴지 모르지만, 포괄적인 정치철학으로는 의지할 만하지 못하다는 뜻이다.

고백이 아니라 공격의 형태이지만, 똑같은 생각이 급진적 진영에 의해 제기되고 있다. 그들은 "우리 진보주의자들은 사람에게 관심이 있다. 우리의 관심은 인간 존재에 관한 것이다. 이에 비해, 당신들 보수주의자들은 경제적 특권이나 지위의 유지에 사로잡혀 있다."고 주장한다.

한 발자국 더 나가게 되면, 진보주의자들은 곧바로 계급논쟁으로 비난의 화살을 돌릴 것이다. 그들이 걱정하는 것은 바로 힘없는 일반 사람들이지, '돈 많은 악당들'(malefactors of great wealth)●이

● 돈 많은 악당들이란, T. 루스벨트가 이른바 철도왕이라고 불린 철도 독과점업자들을 비난하여 지칭한 표현임 _옮긴이

아니라는 것이다.

친구로부터든 적으로부터든, 그러한 주장은 마찬가지로 보수적 관점에 대해 아주 부당한 오해를 불러일으키게 한다. 보수주의가 경제적 함의(含意)를 담고 있을지언정, 그것이 곧 경제이론은 결코 아니다.

이야기가 엉뚱하게 되어 버렸다. 사람의 물질적 행복에 다른 모든 고려 요인들을 종속시키는 것은 사회주의이다. 물질적인 것을 적절한 위치에 놓는 것, 곧 인간 존재와 인간 사회에 관해 구조화된 관점을 갖는 것이 보수주의이다. 인간 사회에서 경제는 단지 보조적인 역할을 행할 따름이다.

역사로부터 겸허히 배운다

오늘날 보수주의자와 진보주의자 사이의 근본적

차이점은 이렇다. 즉 보수주의자는 인간 전반을 고려하는 데 비해, 진보주의자는 인간 본성의 물질적 측면만을 바라보려고 한다. 보수주의자는 인간이 부분적으로 경제적 창조물이요 동물적 창조물이지만, 동시에 정신적 욕구와 정신적 욕망을 가진 정신적 창조물이기도 하다고 믿는다.

더구나 이러한 정신적 욕구나 욕망은 인간 본성의 우월적 측면을 반영하고, 그래서 인간의 경제적 필요보다 우선하는 것이다. 따라서 보수주의는 인간의 정신적 본성의 고양을 정치철학의 가장 중요한 관심으로 간주한다.

이에 반해 진보주의자들은 '인간 존재'에 대한 관심이라는 미명(美名) 아래 경제적 필요의 충족을 사회의 가장 중요한 임무라고 간주한다. 더구나 그들은 서두른다. 그래서 그들의 특징적 접근 방식은, '진보'를 강요하는 집단적 시도에 사회의 정치적 · 경제적 세력들을 붙들어 매는 것이다. 이러한 접근 방식에서, 나는 그들이 본성에 반해 투쟁한다고 생각한다.

틀림없이 정치 사상가의 첫 번째 책무는 인간의 본성을 이해하는 일이다. 보수주의자는 이 점에서 특별한 인식 능력을 주장하지 않는다. 그 대신 그는 역사의 축적된 지혜나 경험에 정통하다는 점을 주장한다. 그는 과거의 위대한 인물들로부터 겸손하게 배우고자 한다.

그가 사람에 관해 배운 첫 번째는 모든 사람이 각각 독특한 창조물이라는 것이다. 사람의 가장 성스러운 소유물은 바로 그의 개인적인 영혼이다. 그것은 불멸적(不滅的) 측면과 아울러 필멸적(必滅的) 측면도 가지고 있다.

필멸적 측면은 다른 어떤 인간 존재와도 같지 않은 절대적인 차별성을 만든다. 사람들 사이의 본질적인 차이를 인정하고, 따라서 각 사람의 서로 다른 잠재력을 개발시킬 준비를 하도록 하는 철학만이 본성에 부합한다고 말할 수 있다.

우리는 우리 시대에서 '보통 사람'(common man)이라는 말을 많이 들었다. 그것은 비범한(uncommon) 사람들의 주도와 야망을 통해 크게 성장한 이 나라의 역사에 별로 관심을 기울이지 않는 개념이다. 보수주의자는 사람을 획일적인 다수의 일부분으로 간주하는 것이, 그를 궁극적인 노예 상태로 몰아넣는다는 점을 알고 있다.

두 번째로, 보수주의자는 인간 본성의 경제적, 정신적 측면이 나눌 수 없이 뒤섞여 있다는 점을 배웠다. 사람이 정치적으로 노예가 된다면 그는 결코 경제적으로 자유로울 수 없거나, 심지어 경제적으로 효율적일 수도 없다. 반대로 사람이 그의 경제적 욕구를 위해 국가에 의존한다면, 그의 정치적 자유는 환상일 따름이다.

세 번째로, 보수주의자는 정신적 측면에서나 물질적 측면에서나 사람의 발전이 외부의 힘으로 좌우될 수 있는 것이 아니라는 점을 깨닫고 있다. 각 사람은 개인적인 선이나 사회의 선을 위해 각자 자신의 발전에 대해 책임을 지는 것이다.

그의 삶을 관장하는 선택은 바로 자신이 해야 하는 선택인 것이다. 그 선택이 다른 어떤 사람에 의해, 또는 인간 존재의 집합체에 의해 행해질 수 없는 것이다. 만약 보수주의자가 진보주의 형제들보다 사회보장 '수당'의 확대를 덜 원한다면, 그것은 그가 사람들이 적절하다고 생각할 때 그 생각대로 일생에 걸쳐 그들의 소득을 자유롭게 소비하는 것을 진보주의 형제들보다 더 많이 원하기 때문이다.

그래서 보수주의는 유사(有史) 이래 언제나 사람을 다른 사람들의 잠재적 노리개로 간주하지도 않고, 개별적 인간 존재의 신성함이나 독립적인 정체성이 무시되는 일반적 집합체의 한 부분으로 간주하지도 않는다. 유사 이래 언제나 진정한 보수주의는 독재자에 대해서도, '민주적' 자코뱅주의자에 대해서도 마찬가지로 대결해왔다.

자유를 지키고 확대하라

진정한 보수주의자는 프랑스 군주제 폭정 아래 불행한 농노(農奴)의 곤경에 대해 동정을 느꼈다. 아울러, 그는 평등주의의 깃발 아래 행진을 벌이는 집단 폭정에 의해 그러한 문제를 해결하려는 시도에 대해서도 마찬가지로 반대했다.

보수주의자의 양심은 그가 누구든 간에, 개별적 인간 존재의 존엄성을 떨어뜨리려는 사람에 의해 상처를 받는다. 그러므로 오늘날 보수주의자는 공포로 다스리는 독재자들과 싸우고 있으며, 마찬가지로 인간에게 신처럼 군림해도 좋다는 우리의 허락을 요구하는 비교적 점잖은 집단주의자들과도 싸우고 있는 것이다.

인간 본성에 관한 이러한 견해에 기초하여, 보수주의자가 사회질서의 유지와 조화되는 개인 최대한의 자유를 성취하는 기술(art)로 정치를 바라보는 것은 당연한 일이다. 보수주의자는 자유의 실천이 질서의 확립을 필요로 한다는 점을 가장 먼저 이해했다.

어떤 사람이 다른 사람에게 자유의 행사를 부정할 수 있다면 후자는 자유로울 수 없다. 그러나 보수주의자는 또한 질서가 근거하는 정치 권력이 자기 확대적인 힘이라는 점, 즉 먹음으로써 그것의 식욕이 커진다는 점을 깨달았다. 그는 적당한 범위 내에 정치 권력을 붙들어 두기 위해 극도의 경계와 주의가 필요하다는 사실을 안다.

우리 시대에 질서는 상당히 잘 돌보아지고 있다. 자유와 질서 사이에 이상적으로 존재하는 미묘한 균형은, 지구상의 어디에서나 실제적으로 자유의 반대쪽으로 기운지 오래되었다. 어떤 나라에서는 자유는 완전히 무시되고 질서가 절대적인 지배력을 발휘한다.

우리나라에서는 그 추세가 상대적으로 그렇게 멀리 나간 것은 아니다. 하지만 그래도 상당히 나갔으며, 매일 그 방향으로 힘을 모으고 있다. 따라서 미국 보수주의자에게 시대의 최우선적인 정치적 과제를 밝혀내는 일은 어렵지 않다. 그것은 바로 자유를 지켜내고 확대하는 것이다.

오늘날 미국에 침투해 있는 다양한 태도와 제도와 법률을 살펴보면, 보수주의자에게는 수많은 의문이 생긴다. 그렇지만 보수주의자의 첫 번째 관심은 항상 "우리는 자유를 극대화하고 있느냐?"는 것이다. 나는 우리가 마음속에 이런 질문을 갖고 오늘날 우리에게 닥친 몇 가지 중요한 쟁점들을 검토해볼 것을 제안한다.

제
2
장

———

권력의 위험

딘 애치슨(Dean Acheson)은 『민주당원이 민주당을 바라보다(A Democrat Looks At His Party)』라는 책에서 뉴딜정책을 옹호했다. 거기서 그는 "뉴딜정책은 반드시 해야 할 일을 하기 위해 조직된 주민 전체(the whole people)로 연방 정부를 이해했다."고 적었다.

한 해 뒤에 라손(Larson)은 『공화당원이 공화당을 바라보다(A Republican Looks At His Party)』를 썼고, 오늘날 공화당원들을 위한 그의 책에서 동일한 주장을 자주 되풀이했다. 라손의 주장에 따르면 "새로운 공화당주의(New Republicanism)의 기본적인 철학은, 사람들의 요구에 부응해 수행되어야 할 어떤 일이 있는데 어느 누구도 그것을 수행할 수 없다면, 바로 그것이 연방 정부의 적절한 기능이다."는 것이다.

여기서 우리는 양당(兩黨)의 저명한 대변자에 의해 제한적 정부라는 원칙의 철저한 거부를 목격하게 된다. 두 사람 중 어느 누구도 헌법에 근거하지 않고 있으며, 정부의 정당한 기능을 규명해보려는 시도조차 하지 않고 있다.

정부는 수행될 필요가 있는 일은 무엇이나 할 수 있다. 그러나 수행될 필요가 있는 일을 결정하는 것이 바로 정부 자신이라는 암묵적인, 그렇지만 필연적인 전제도 주목해야 한다. 나는 우리가 이러한 주장들을 과소평가하지 말아야 한다고 생각한다.

그것들은 한 정당의 지도자들 다수와, 다른 정당 지도자들의 강력한 소수 견해를 반영한다. 그것들은 전체주의의 첫 번째 원칙을 제안하고 있다. 그 원칙이란 국가는 당연히 모든 일을 할 수 있으며, 국가의 실제적인 운영은 오로지 국가를 지배하는 사람들의 의지에 의해서만 제한을 받는다는 것이다.

이러한 견해는 무엇보다 정부의 기능을 제한하는 수단이자, 그것이 처음 기록되었던 때와 마찬가지로 오늘날을 규율하고 있는 헌법과 직접적으로 충돌한다는 점이 자명하다. 그러나 우리는 한 발 자국 더 나아가, 헌법의 기초자들이 정부의 범위를 제한한 이유를 질문해보라는 충고를 받는다.

보수주의자들은 종종 헌법에 관해 지나치게 기계적인 관점을 갖는다고 비난을 받지만, 어떤 의미에서는 그렇게 하는 것이 옳다.

"헌법은 미국의 수권(授權) 문서(America's enabling document)다. 우리는 미국 시민이다. 그러므로…"

여기에 바로 보수주의의 주제가 관통한다.

"…우리는 도덕적으로나 법률적으로나 그 문서에 따라야 한다."

전적으로 옳다. 그러나 헌법은 그것보다 더 광범위하게 우리의 충성을 요구한다. 건국의 아버지들은 제한적 정부라는 원칙을 보증하는 어떤 근거를 가졌다. 이러한 근거는 시민적 책무를 가볍게 받아들이는 사람들에게조차 헌법적 체계의 옹호를 권하고 있다. 근거는 간단하다. 그것은 보수 철학의 심장부에 놓여 있다.

절대 권력은 절대 부패한다

유사 이래 계속해서, 정부는 사람의 자유를 방해하는 주요 도구라는 점이 입증되었다. 정부는 다른 사람들의 삶을 통제하고 규제하는 권력을 어떤 사람들의 손에 쥐여준다. 더구나 권력은 액튼 경(Lord Acton, 영국 역사학자, 정치인)이 말했듯이 사람들을 부패시킨다. 그는 "절대 권력은 절대 부패한다."고 덧붙였다.

추상적으로 생각해본다면, 국가권력은 자유를 제한할 필요가 없다. 그러나 절대적 국가권력은 항상 자유를 제한한다. 정부의 적법한 기능은 실제로 자유에 도움이 된다. 내부 질서를 유지하는 일, 변방에서 외적을 지키는 일, 사법제도를 운용하는 일, 상품 교환의 방해 요소를 제거하는 일….

이러한 권력의 행사는 사람들이 최대한의 자유와 더불어 그들의 선택된 목적을 추구할 수 있도록 해준다. 그러나 이런 바람직한 목적들을 성취시키는 바로 그 수단이, 바람직하지 않은 목적을 성취하기 위한 수단일 수도 있다는 점을 명심해야 한다. 곧, 정부가 자유를 확대하는 것이 아니라 오히려 자유를 제한할 수 있다는 것이다.

두 번째로, 정부 권력을 장악한 자들이 제멋대로 하게 되는 순간에 '할 수 있다'(can)가 곧바로 '한다'(will)로 바뀐다는 점을 명심해야 한다. 이것은 권력의 부패 작용, 곧 사람이 약간의(some) 권력을 갖게 되면 스스로가 더 많은(more) 권력을 가지려는 경향 때문이다.

그런 경향은 결국 모든(all) 권력의 획득으로 이어진다. 그것이 한 사람 손에 집중되든 여러 사람 손에 집중되든, 그 바깥에 있는 사람들의 자유에는 아무런 차이가 없게 된다.

이것이 바로 역사의 교훈이다. 애치슨이나 라손은 분명하게 이런 교훈을 읽지 못했다. 두 사람은 국가권력을 장악하는 자들이 그들 자신에게 부과하려고 하는 억제는커녕, 오히려 그들을 어떠한 억제로부터도 자유롭게 해주었다. 당신들은 절대주의에 대해 편안한 길을 열어주고 있는 것이다.

헌법의 기초자들은 그 교훈을 알았다. 그들은 역사의 연구자일 뿐만 아니라, 희생자이기도 했다. 그들은 생생한 개인적 경험으로부터, 단일한 기관 또는 사람으로의 권력 집중을 효과적으로 억제함으로써 자유가 확보된다는 점을 알았다.

그리고 헌법이 무엇인지도 알았다. 그것은 바로 '절대주의의 방향으로 팽창하려는 정부의 자연스러운 경향에 대한 억제 제도(system of restraints)'인 것이다. 우리는 누구나 그 제도의 주요한 구성 내용을 안다.

가장 첫 번째는 특정한 위임 권력들에 관한 연방 정부 권한의 제한이다. 첫 번째의 당연한 귀결로서 두 번째는 연방 정부에 위임되지 않은 모든 권력은 주(州)와 주민들이 보유하게 된다는 것이다.

세 번째는 세 개의 독립적 부문 사이의 연방 정부 권력의 신중한 분할이다. 네 번째는 제도의 무분별한 변경의 금지, 곧 헌법 제5조*의 길고 복잡한, 그러나 현명한 개정절차이다.

그러면 그것이 기초자들이 창안해낸 민주주의였는가? 전혀 그렇지 않다. 억제 제도는 표면상 개인적 폭군뿐만 아니라, 대중의 폭정을 막으려고 했던

---

* 헌법 제5조(헌법 수정 절차) : 연방의회는 상, 하원의 2/3가 필요하다고 인정할 때 이 헌법에 대한 수정을 발의해야 하고, 또는 전체 주 가운데 2/3 이상의 주 의회의 청구가 있을 때 수정 발의를 위한 헌법회의를 (각 주마다) 소집해야 한다. 어느 경우든 수정은 연방의회가 정하는 두 가지 승인 방법 중 하나에 따른다. 전체 주 가운데 3/4의 주 의회에 의해 승인되든가 또는 3/4의 주의 주 헌법회의에 의해 승인될 때, (수정안은) 실제로 이 헌법의 일부로 효력을 갖게 된다.

것이다. 기초자들은 이기주의적인 선동가들에 의해 제기될 위험을 잘 인식했다. 그들은 경제적 이득이라는 기만적 약속의 대가(代價)로 정부에 막대한 권력을 넘기라고 주민의 다수를 설득할지 모른다. 그래서 기초자들은 그러한 권력의 양도를 다음과 같은 방법으로 금지했다.

첫째로, 그들은 어떤 특정 행위들이 공적인 권한의 당연하고 정당한 범위를 벗어난다고 분명히 선언했다. 둘째로, 그들은 정부의 몇몇 단계나 부문 사이에 공적인 권한을 분산시켰다. 그리하여 권한의 각 자리가 자신의 특권을 자기 스스로 지켜내기 위해 타자에 의한 공격을 막으려는 자연스러운 동기를 갖게 되기를 기대했다.

그러나 기초자들은 공상가가 아니었다. 그들은 정부의 규범들이, 사람들의 불완전한 본성에 대처하기 위해 아무리 명석하게 계산되더라도, 또한 권력의 함정을 피하기 위해 아무리 신중하게 입안되더라도, 그것들을 무시하기로 작정하는 사람들의 상대가 될 수 없다는 점을 알았다.

결국에는, 오로지 피치자(被治者)들이 그들의 정부 제도가 당연히 그래야 한다는 점을 확고하게 결정해야만 비로소 그런 제도가 번창할 것이다. "당신은 우리에게 무엇을 주었는가?" 헌법회의가 마감되어 갈 때 어떤 여인이 벤 프랭클린에게 물었다. 그는 대답했다. "공화국이다. 오로지 당신이 그것을 지킬 수 있어야만…."

우리는 그것을 지키지 않았다. 애치슨 같은 사람들이나 라손 같은 사람들은 그들 멋대로 했다. 억제 제도는 파손되어 버렸다. 연방 정부는 그것이 그것의 서비스가 필요하다고 믿는 모든 분야로 침투해 들어갔다.

주(州)정부는 연방 정부의 선점에 의해 주 정부의 적법한 기능으로부터 배제되었거나, 또는 연방 정부의 승인으로 활동이 허용될 뿐이다. 연방 정부

안에서 집행 및 사법 부문은 헌법적 경계선 밖으로 멀리 밀려 나갔다.

이러한 모든 일들이 헌법 제5항에 의해 규정된 개정 절차와 관계없이 횡행하게 되었다. 결과는 리바이어던(Leviathan), 곧 사람들의 손길이 결코 미칠 수 없고 그들의 통제를 벗어난 거대한 국가기구이다.● 이러한 거대 단일 권력은 오로지 높은 자리에 앉아 있는 사람들의 의지에 의해 그 범위가 좌우된다.

지켜진 약속들의 기만

정부의 권력을 가늠해 볼 수 있는 수많은 방법이

● 리바이어던은 본래 구약성서 욥기에 나오는 무시무시한 괴물 이름. 토마스 홉스(Thomas Hobbes)가 그의 저서 『리바이어던』에서 만인에 대한 만인의 투쟁을 해결하기 위해 모든 권리를 국가에 위임해야 한다고 주장하며, 이때 국가를 리바이어던에 비유함 _옮긴이

있다.

하나는 재정 운영의 크기이다. 연방 지출은 지금 연간 1천억 달러에 육박한다(30년 전에 35억 달러를 밑돌던 액수와 비교해보라).

또 다른 것은 활동 범위이다. 최근에 〈시카고 트리뷴(Chicago Tribune)〉에 의해 수행된 조사연구에 따르면, 오늘날 연방 정부는 '역사상 가장 거대한 토지 소유자, 재산 관리인, 임대업자, 이삿짐 운송업자, 임상병원 운영자, 대여업자, 보험업자, 모기지(mortgage) 중개자, 고용주, 채무자, 과세자, 지출자'다.

셋째는 정부가 자신의 용처에 충당하는 국민소득의 비율이다. 소득의 거의 1/3이 매년 세금의 형태로 거둬진다.

넷째는 정부가 개인들의 일상생활에 간섭하는 범위이다. 농민은 그가 얼마만큼의 밀을 재배할 수 있을지 지시를 받는다. 임금 노동자는 전국 노조

지도자들의 처분에 맡겨진다. 그들의 커다란 권력은 연방 노동법의 직접적 결과이다.

사업가는 미로 같은 정부 규제에 의해 방해받고, 종종 직접적인 정부 경쟁에 의해 방해받는다. 정부는 사회보장세로 대부분의 봉급 6%를 거두며, 그리하여 수많은 사람들이 그렇지 않으면 오늘날 즐길 부의 향유를 좀 더 후일로 연기하도록 강요한다. 연방 정부는 점점 더 많은 교육, 건강, 보장의 기준을 정하고 있다.

어떻게 이런 일이 일어났는가? 어떻게 우리의 중앙 정부가 극도로 제한적인 권력을 가진 종복(servant)으로부터, 실제로 무제한적인 권력을 가진 주인(master)으로 확장되었단 말인가?

어느 정도 우리는 기만당한 것이다. 우리는 제한적 정부를 회복하겠다고 약속하지만, 당선만 되고 나면 정부의 활동을 계속 확대하는 사람이나 정당을 권력에 올려놓았던 경우가 많다. 그러나 우리 자신을 정직하게 되돌아보자.

파기된 약속(broken promise)들이 우리 고통의 중요한 원인은 아니다. 오히려 지켜진 약속(kept promise)들이 그 원인이다. 우리는 이것에 조금 더, 저것에 조금 더 지출하겠다고 제안하고, 새로운 복지 프로그램을 제시하고, 또 다른 다양한 '사회보장'을 구상하는 사람들을 공직에 앉히는 경우가 너무 빈번했다.

우리는 자유의 탈환과 헌법적 제도의 회복을 또 다른 날로 미루기를 좋아해서 유혹에 빠진 것이다. 우리는 '주민'이 통치하면 모든 것이 무조건 좋다는 점을 스스로에게 확신시킴으로써, 자유를 상실한 수많은 민주사회의 길을 걸어왔다.

아마 현대에 대해 가장 통찰력이 뛰어난 정치적 관찰자인 프랑스인 알렉스 드 토크빌(Alexis de Tocqueville, 프랑스 사상가, 『미국 민주주의』 저자)은 1830년대에 이 나라를 방문했을 때 위험을 보았다. 이미 그때 그는 공화주의보다 민주주의를 좀 더 강조하려는 경향을 가진 사회에 대해 퇴락을 예견했다. 그는 미국은 전제군주가 아니라 '보호자'(guardian)를 만들어낼 것이라고 예측했다. 그리고 이어서 이렇게 주장했다.

"(미국 사람들은) 그들이 그들 자신의 보호자를 선택했다고 생각하여, 보호 속에 있는 것에서 스스로 위안을 받을 것이다. 모든 사람은 자신이 고삐에 매여 이끌리도록 허용한다. 왜냐하면 그가 생각하기에 쇠사슬의 끄트머리를 잡은 것이 어느 한 개인도 아니고, 개인들의 어느 한 계층도 아니고, 오로지 주민 전체(people at large)이기 때문이다."

자유의 소멸에 대한 우려

나는 권력을 일부 사람들의 손에 집중시키려는

우리의 경향에 대해 심각하게 우려한다. 우리는 폭탄이나 파괴에 의해 정복당할 수 있다. 그러나 우리는 부주의에 의해, 곧 헌법을 경시하고 제한적 정부라는 원칙을 무시함으로써 정복당할 수도 있다.

워싱턴에서 무제한적인 권력의 축적에 대한 우리의 방어가 모스크바의 공격적 계획에 대한 우리의 방어보다 더욱 취약한 모습이라는 점이 나는 두렵다. 우리 앞의 수많은 다른 국가들과 마찬가지로, 우리는 외적 앞에서 몰락하기보다는 오히려 내부적 취약성을 통해 쓰러질 수 있다.

나는 지금 대부분의 미국인이 이 흐름을 뒤집고 싶어 한다고 확신한다. 나는 자유를 소멸시키는 것에 대한 우려가 거짓 없는 사실일 것이라고 생각한다. 나는 정부의 답답한 편재성(omnipresence) 속에서 사람들의 불안이 공포에 가까워지는 무엇인가로 바뀌었다고 생각한다.

그러나 해악을 탄식만 한다고 해서 그것이 되돌

려지지 않을 것이고, 손가락질만 한다고 해서 정부가 축소되지 않을 것이다.

공직자로서의 첫 번째 의무가 그들에게 주어진 권력을 스스로에게서 빼앗는 것이라고 깨닫는 사람들에게 우리 공동체의 경영을 맡길 때, 비로소 변화가 일어날 것이다. 미국 도처의 수많은 공동체에서 미국인들이 헌법을 준수하고 공화국을 회복시키겠다고 서약하는 사람들을 공직에 앉히겠다고 작정할 때, 비로소 변화가 일어날 것이다. 과연 누가 캠페인 연설에서 다음과 같이 선언할 것인가?

"나는 정부를 날씬하게 만들거나, 그것을 더 효율적으로 만드는 일에 별로 관심이 없다. 나는 그 크기를 줄이려고 하기 때문이다. 나는 복지를 증진시키지 않으려고 한다. 나는 자유의 확대를 제안하기 때문이다.

나의 목적은 법안을 통과시키는 것이 아니라, 그 것을 폐지시키는 것이다. 나의 목적은 새로운 프로그램을 출범시키는 것이 아니라, 헌법을 위반하거나 그 목표에 비추어 이미 실패했거나 사람들에게 부당한 재정 부담을 지우는 과거 프로그램을 취소하는 것이다.

나는 법률안이 헌법적으로 용인될 수 있는지 여부를 우선적으로 명확히 판단하기 전에는, 그것이 필요한지 여부를 아예 알아보려고도 하지 않을 것이다. 그래서 내가 내 선거구민의 '이익'을 소홀히 했다고 비난받는다면, 나는 그들의 가장 중요한 이익이 바로 자유라는 점을 알고 있고, 그런 이유로 내가 할 수 있는 최선을 다하고 있다고 대답할 것이다."

제 3 장

————

주권(州權)

1930년에 뉴욕 주지사는 헌법이 의회에 대해 '공공시설, 은행, 보험, 비즈니스, 농업, 교육, 사회복지 등과 같은 정부의 수많은 필수적인 문제들과 꽤 많은 다른 중요한 특별사업들'을 다루도록 권한을 부여하지 않는다고 지적했다. 이어서 그는 이러한 분야에 "워싱턴은 간섭하려고 나서지 말아야 한다."고 덧붙였다.

프랭클린 루스벨트가 보수주의에서 무제한적인 정부의 독트린으로 재빨리 변신했다는 점은 종종 회자되는 이야기이다. 그러나 나는 여기서 민주당에 의한 주권(州權, States' Rights)의 폐기 — 민주당이 노동운동 주변의 사회주의 이념가들에 의해 점령되었던 몇 년 전에 벌어진 사건 — 에 대해서보다, 동일한 방침을 받아들이려는 공화당의 잘못된 경향에 대해 더욱 염려한다.

결과는 두 정당 중 어느 쪽도 주권의 원칙에 대한 의미 있는 공약을 갖고 있지 않다는 것이다. 이처럼 공화국의 초석, 곧 큰 정부에 의한 개인적 자유의 잠식에 대한 우리의 최대 보루가 이 절대주의라는 모래더미 아래로 급속히 사라져가고 있다.

공화당은 분명히 주권에 대해 립 서비스를 하고 있다. 우리는 종종 '주에 그들의 정당한 권리를 되돌려 주는 것'에 대해 말한다. 행정부가 심지어 그 문제에 관한 연방-주 회의를 주관하기까지 하고 있다.

그러나 중요한 것은 행동이다. 국가 지도자들이 각 주가 만족하게 해내지 못한다고 결론내릴 때마다, 공화당도 실제 현실에서는 민주당처럼 연방 정부의 강제적인 권력을 요구한다고 말하는 것을 나는 유감스럽게 생각한다.

연방 개입의 한 가지 방식으로 눈을 돌려보자. 그것은 그 문제에 관한 많은 공개적 토론에서 소홀히 다뤄지기 쉬운 것이다. 최근 몇 년 사이에 연방 정부는 헌법이 각 주의 배타적 관할이라고 인정한 수많은 분야에서 각 주에 대한 연방의 '교부금'을 계속 지급했고, 많은 경우에 증가시켜 왔다.

이러한 교부금은 '매칭 펀드'(matching fund)라고 불리며, 연방 정부가 국가적 집행이 필요하다고 결정하는 건강, 교육, 복지, 자연보호 또는 그 어떤 분야에서라도 주의 지출을 '촉진'하도록 계획되고 있다. 주가 이러한 목적에 돈을 마련하기로 동의하면, 연방 정부는 의회에 의해 규정된 비율에 따라 정부 지출금을 맞춰 지급한다. 때때로 그 비율은 50:50이지만, 연방 정부가 비용의 반 이상을 대는 경우도 많다.

이러한 프로그램들에 관해 주목해야 할 일이 두 가지 있다. 첫 번째는 그것들이 연방 프로그램이라는 점, 곧 그것들의 목적이나 범위가 연방 정부에 의해 구상된다는 점이다. 두 번째는 '촉진적인' 교부금이 실제로는 갈취와 뇌물수수의 혼합물이라는 점이다. 주는 프로그램에 충실히 따라야지, 그렇지 않으면 혼날 것이라는 말을 듣는다.

연방 정부가 매칭 펀드를 일단 제공하게 되면, 어떤 주 입법의원이라도 모든 주로부터 모아진 세입 중 그 주에 배당된 어지간한 몫을 거부하는 일은 실제로 일어나지 않는다. 당연히, 많은 입법자들이 보조금을 거절하는 것은 정치적 자살이라는 점을 잘 안다. 이것은 간접적 형태의 억압이지만 매우 효과적이다.

한 가지 직접적인 억압 방식은 주 정부가 워싱턴이 적절하다고 생각하는 행동을 취하지 않으면, 연방 정부가 직접 집행하겠다고 위협하는 것이다. 오래되지 않은 일을 예로 들자면, 노동부 장관이 주에 대해 '최신' 실업 보상법을 제정하는 타당성에 관해 강의를 했다. 그는 양자택일을 애써 감추려고 하지도 않았다. 만약 주가 하지 않으면 연방 정부가 하겠다는 것이다.

'촉진적인' 접근 방식의 사례가 몇 가지 있다. 1957년이 끝날 무렵, 어떤 '연방-주 공동 실행위원회'는 — 위원회의 관점에서 보면, 주가 그 책임에 부응하는 것을 배웠다는 이유로 — 특정 매칭 펀드 프로그램들을 주에 '되돌려 줄 것'을 권고했다. 주가 실행하는 것을 배웠다는 분야는 농업 직업교육, 가정 경제, 간호 보조, 수산물 유통, 지역 하수도 사업, 슬럼 철거, 도시 정비, 원자력 에너지 프로그램에 관한 건강 및 안전 조치의 시행 등이다.

의회가 이러한 권고를 하지 않았다거나, 행정부가 그것에 대해 마음 내키지 않는 지원을 했다는 따위는 여기서 논점이 아니다. 논점은 바로 연방 정부가 애초부터 이런 분야에 들어갈 이유가 없었으며, 따라서 주의 집행을 평가할 특권을 가질 이유가 없었다는 것이다. 공화당은 이런 점을 명백하고 솔직하게 주장해야 하고, 연방 정부의 즉각적인 철수를 요청해야 한다.

우리는 그 이면의 이론을 검토해봄으로써 우리의 잘못을 아주 잘 이해할 수 있다고 본다. 나는 이미『공화당원이 공화당을 바라보다』라는 책에 대해 언급한 바 있는데, 그것은 작금의 문제들에 대한 '오늘날 공화당 식' 접근 방식의 정교한 합리화이다.(그것이 민주당원들의 접근 방식에도 마찬가지로 도움이 된다고 나는 덧붙이고자 한다.)

라손(Larson)은 주권이라는 문제에 아주 커다란 여지를 열어 주고 있다. 그의 주장에 따르면, 수정헌법 제10조*로 인해 주권을 우선시하는 '일반적 추정'이 있다. 하지만 한편으로 연방 당국에 주가 '주민의 요구'에 만족스럽게 부응하지 못한다고 보이면, 언제나 그러한 추정은 철회되어야 한다는 것이다. 이것은 그의 입장에 대한 부연 설명이지만 나는 부당한 것은 아니라고 생각한다.

비록 이러한 접근 방식이 명백한 헌법 규정을 다

• 수정헌법 제10조(주와 주민의 보유 권한) : 헌법에 의해 합중국에 위임되지 않고 또한 주에 대해 금지되지 않은 권한은 모두 각 주나 주민이 보유한다.

루는 독단적 방식인 것처럼 보일지라도, 라손은 '모든 권리에는 상응하는 의무가 있다'는 개념을 제기함으로써 그 주장을 정당화한다. 그는 "주권을 말할 때 우리는 상응하는 주의 책임이 그 권리와 조화를 이루어야 한다고 덧붙이는 것을 잊지 말아야 한다."고 적고 있다.

따라서 주가 그의 의무를 다하지 못하여 연방 정부가 개입하게 되면, 책임은 주에 있다는 것이 그의 결론이다.

연방 보조금은 공짜가 아니다

이러한 주장의 문제점은, 그것이 오늘날 연방 당국의 계획에 어떻게 합치하느냐에 따라 주목받든 무시되든 간에, 미합중국 헌법을 정치이론 분야의 일종의 안내서쯤으로 여긴다는 것이다. 그러나 수정헌법 제10조는 '막연한 추정'이 아니다. 그것은 법의 금지 규정이다. 수정헌법 제10조는 특정 분야에서 주의 관할권을 인정하고 있다.

주권은 주가 자신에게 맡겨진 분야에서 자신이 적절하다고 판단하는 대로 시행하거나 시행하지 않을 권리를 갖는 것이다. 주는 이러한 권리에 상응하는 의무를 가질 수 있다. 그러나 그 의무는 주의 주민에게 지는 것이지, 연방 정부에 지는 것이 아니다. 따라서 의지해야 할 대상은 비 주권자인 연방 정부가 아니라, 주권자이자 징계 조처를 할 충분한 권한을 가진 주민이다.

이를테면 주민이 주의 장애 대책 프로그램에 불만이 있다면, 그들은 주 공무원들에 대해 압력을 행사할 수 있다. 그래도 그것이 되지 않으면, 그들은 새로운 공무원 집단을 선출할 수 있다. 만약 그들이 이러한 책임을 벗어던지기를 원한다면, 그들은 헌법을 개정해도 좋다.

나는 헌법이 연방의 권한과 주의 권한 사이에 아주 또렷하고 분명한 경계선을 긋고 있다는 주장을 되풀이하고자 한다. 연방 정부가 그러한 경계선을 인식하지 못하는 것이 제한적 정부라는 원칙에 대한 결정적인 타격이 되어왔다.

그러나 다시금 나는 헌법에 대한 옹호적 또는 변호적 호소에 대해 경계한다. 주권의 보유에는 근거가 있다. 그것은 주민으로부터 멀리 떨어져서 대중적 구속으로부터 영향을 덜 받는 중앙 정부로의 권력 집중을 방지할 뿐만 아니라, 본질적으로 지역 문제는 아주 직접적으로 관련된 주민에 의해 가장 잘 다뤄질 수 있다는 원칙에 근거하고 있다.

뉴욕시에서 어떤 종류로 얼마만큼의 공적 재정 투입과 슬럼 철거가 필요하며 또한 가능한지를 뉴욕시민보다 누가 더 잘 알겠는가? 네브래스카가 적절한 보육 프로그램을 가져야 할지를 그 주민보다 누가 더 잘 알겠는가? 아이들을 교육시키기 위해 필요한 학교 프로그램의 종류를 애리조나 주민보다 누가 더 잘 알겠는가?

내가 살고 있는 주의 주민들은 연방 보조금이 '공짜'로 온다는 잘못된 생각을 이미 오래전에 간파했다. (나는 내가 그들의 다수를 대변한다고 확신한다.) 그들은 돈이 그 자신의 주머니에서 나오며, 연방 관료제에 의해 징수되는 브로커 수수료를 뺀 다음 그들에게 되돌아온다는 점을 알고 있다.

그들은 또한 그 돈이 소비될 방법을 결정하는 권한이 그들에게서 회수되어, 어떤 연방 기구의 소굴 속에 깊숙이 자리 잡은 어떤 계획위원회에 의해 행사된다는 점도 알고 있다. 그들은 이것이 부(富)의 측면뿐만 아니라, 돈으로 살 수 없는 자유의 측면에서도 크고, 아마도 회복할 수 없는 손실을 준다는 점을 잘 알고 있다.

나라 전체에 걸쳐 주 공무원들이 잃어버린 주권에 대해 정당한 권리를 주장하는 것만큼, 또한 연

방 정부가 헌법이 주에 부여한 모든 권한으로부터
신속하고 전면적으로 철수하는 것만큼, 자유의 명
분을 신장시키는 일은 없다.

제
4
장

———

시
민
권

주권의 원칙을 인종 통합에 대한 남부의 입장 변호와 동일시함으로써, 그러한 원칙을 깎아내리려는 시도가 최근 몇 년 사이에 있었다. 나는 이미 주권의 범위는 인종 문제보다 훨씬 더 넓다고 지적한 바 있다. 그것은 남부 사람들과 마찬가지로 북부 사람들에게도 영향을 미치며, 인종 문제와 관계없는 많은 사안들과 관련을 갖는다.

또한, 통합 문제가 주권의 원칙에 의해 영향을 받으며, 그 문제에 대한 남부의 입장이 오늘날 그 원칙의 가장 두드러진 표출이라는 점은 확실히 맞다. 그렇다 보니 한편으로 주권과, 다른 편으로 이른바 '시민권'(civil right)이라는 것 사이의 공허한 갈등을 놓고 오늘날 나라 전체가 맹렬하고 때로는 추악한 논쟁에 휩싸여 있다.

나는 적절하게 정의된 주 정부의 권리와 적절하게 정의된 '시민권' 사이에 갈등이 있을 수 있다는 것을 부정하기 때문에 공허한 갈등이라고 말하는 것이다. 만약 주의 '권리'가 적법한 연방법에 의해 보호받는 개인적 권리를 침해하는 것으로 드러나면, 주 권한의 행사는 무효이다.

반대로 개인적 '권리'가 적법한 주 권한을 침해하는 것으로 드러나면, 그러한 '권리'의 주장은 무효이다. 권리 스스로는 충돌하지 않는다. 갈등은 권한의 두 범주를 제대로 정의하여 그것을 법적으로 확실하게 하지 못하기 때문에 발생한다.

주권은 정의하기 쉽다. 수정헌법 제10조는 그것을 간결하게 정의한다. '헌법에 의해 미합중국에 위임되지 아니하거나 주에 금지되지 아니한 권한은 주나 주민이 보유한다.'

시민권도 이보다 더 어렵지 않을 것이다. 그러나 실제로는 더 잘 이해해야 할 사람들에 의한 엉뚱하고 뻔뻔스러운 오용(誤用)으로 인해, 그것은 오늘날 정치적 어법에서 아주 잘못 이해되는 개념 중의 하나이다.

시민권은 자주 '인권' 또는 '자연권'과 같은 뜻으로 쓰이고 있다. 대체로 그것은 단순히 누군가가 정치적으로, 또는 사회적으로 바람직하다고 생각하는 어떤 행위를 기술하기 위한 명칭일 뿐이다. 어떤 사회학자는 다소간의 불공평을 없애자고 제안하는 논문을 쓰기도 하고, 어떤 정치가는 그것에 관한 연설을 하기도 한다. 보라, 새로운 '시민권'이 태어났다! 대법원은 똑같은 독창적인 권한을 보여주었다.

시민권은 어떤 적법한 법률에 의해 옹호되고 따라서 보호받는 권리이다. 그것은 불문법(common law)에 의해, 또는 지역 및 연방 법령에 의해, 또는 헌법에 의해 옹호될 수 있다. 그러나 어떤 권리가 법률로 구체화되지 않으면 그것은 시민권이 아니고 사법기관에 의해 시행될 수 없다.

물론 시민권이어야 마땅한 어떤 권리들, 가령 '자연권'이나 '인권' 또는 그 밖의 권리 등이 있을지 모른다. 그러나 우리가 그러한 권리에 법률의 보호를 부여하고 싶다면, 우리는 어떤 입법기관이나 헌법의 개정 절차에 의지해야 한다. 우리는 정치가나 사회학자나 법원이 결함을 고치리라고 기대하지 말아야 한다.

인종 관계의 분야에는 적법한 법률에 의해 분명하게 보호받는 몇 가지 권리들이 있으며, 그러므로 시민권이 있다. 그 중의 하나가 투표권이다. 수정헌법 제15조는 누구도 인종, 피부색, 이전의 노예 상태로 인해 참정권이 거부되지 않는다고 규정하고 있다. 수정헌법 제14조*에 의해 제기된 확실한 법률적 특권에 대해서도 마찬가지이다.

그러한 수정헌법의 입법 역사는 모든 인종의 주

---

* 수정헌법 제14조(시민권) 제1절; 미국에서 출생한 사람, 귀화한 사람, 미국의 행정관할권 내에 있는 모든 사람은 미국 및 그 거주하는 주의 시민이다. 어떠한 주도 미국 시민의 특권과 면책권을 박탈하는 법률을 제정하거나 시행할 수 없다. 어떠한 주도 정당한 법의 절차에 의하지 아니하고는 어떠한 사람으로부터도 생명, 자유, 또는 재산을 박탈할 수 없으며, 그 관할권 내에 있는 어떠한 사람에 대하여도 법률에 의한 동등한 보호를 거부할 수 없다.

민들이 동등하게 '계약을 체결하고 시행하며, 소송을 하고 소송 당사자가 되어 증거를 제시하며, 부동산이나 개인 재산을 상속하거나 사들이고, 빌리거나 빌려주고, 팔고 유지하고 이전하며, 개인과 재산의 안전을 위한 모든 법률과 소송절차를 충분하고 공평하게 누릴 권리'가 있다는 점을 분명히 했다(이상은 1866년 시민권법으로부터 인용한 것인데, 수정헌법은 바로 이 법률을 적법화하기 위해 입안된 것이다).

　법률과 수정헌법의 통과에 따라, 흑인을 포함하여 모든 사람들은 이러한 보호조치에 의해 시민권을 갖게 되었다.

교육에 관한 권한은 연방 정부에 없다

　교육에 대해서는 달리 살펴보아야 한다. 왜냐하

면 연방헌법은 주가 인종적으로 혼합된 학교를 유지하도록 요구하지 않고 있기 때문이다. 대법원의 최근 판결에도 불구하고 나는 통합 학교가 필요하지 않을 뿐만 아니라, 헌법이 교육 분야에 대해 연방 정부에 의한 어떠한 개입도 허용하지 않는다고 확신한다.

혹인 아이들이 백인 아이들과 같은 학교에 다니는 것이 공정하거나 분별 있거나 편리할지는 모른다. 그러나 그들은 그렇게 할 시민권, 즉 연방헌법에 의해 보호받거나 연방 정부에 의해 시행될 수 있는 시민권을 갖고 있지 않다.

이 문제에 관해 건국의 아버지들이 가졌던 의도는 의심의 여지가 없다. 교육에 관해 어떠한 권한도 연방 정부에 부여되지 않았다.

결과적으로 수정헌법 제10조에 따라 모든 분야에 대한 관할권이 주에 주어졌다. 남는 문제는 수정헌법 제14조, 구체적으로는 그러한 수정안의 '동등한 보호' 조항이 연방 간섭에 대한 근원적 금지를 완화하는가 하는 점이다.

내가 알기로는, 수정헌법 제14조의 기초자들이 교육에 관한 헌법 체계를 변경하려고 의도했다는 점이 심각하게 논의된 바는 결코 없다. 그런 논의는 확실하게 대법원에 의해 이뤄지지도 않았다.

실제로 유명한 학교 통합 결정인 1954년 브라운-교육위원회 소송(Brown v. Board of Education)⦁에서 대법관들은 그들이 수정안 기초자들의 의도에

⦁ 브라운-교육위원회 소송 : 1896년 연방대법원은 "분리하되 평등하면 된다."는 이유로 흑백 분리 교육을 합헌으로 판결했다. 그러나 1954년 브라운-교육위원회 소송에서는 위 판례를 뒤집고, 흑백 분리 교육을 위헌으로 판결했다. 이때부터 공립학교에서 흑인 학생과 백인 학생이 함께 공부할 수 있게 되었다. 골드워터도 개인적으로는 흑백 분리 교육을 반대한다. 하지만 헌법에 비추어 이런 문제는 주와 주민이 해결할 문제이지, 연방이 개입할 문제가 아니라는 이유로 이 판결을 비판한다. 이런 방식의 개입이 일일이 이뤄지면 결국에는 시민의 자유가 위축된다는 것이 그의 주장이다. 이에 대한 그의 생각이 제9장에 잘 드러나 있다. _옮긴이

의해 지배되지 않는다는 점을 명백하게 인정했다. 연방대법원장 워런(Warren)은 말했다.

"우리는 시계를 수정안이 채택된 1868년으로 되돌릴 수 없다…. 우리는 공교육을 그것의 충분한 발전에 비추어, 그리고 온 나라에 걸쳐 미국 생활 속에서 그것의 현재 위치에서 고려해야 한다."

대법원은 중요한 것은 헌법을 쓴 사람들의 의견이 아니라, 대법원 스스로의 의견이라고 주장한 것이다. 단지 그들 스스로의 견해를 이 나라의 이미 제정된 법률에 접목시킴으로써, 대법원은 자신이 내린 판결에 도달할 수 있었던 것이다.

수정헌법 제14조 기초자들의 의도는 아주 분명하다. 다음과 같은 사실들을 검토해 보자.

(1)수정헌법 제14조에 관해 전체 의회 토론이 벌어지는 동안, 어떠한 제안자에 의해서도 수정안이 차별학교를 불법화한다는 점이 제기된 적이 단 한

번도 없었다.

(2)제14조를 승인함과 동시에, 의회는 '유색인종 아이들의 전용(專用)을 위해' 워싱턴 조지타운에 학교들을 설립했다.

(3)주 의회에 의한 모든 수정안 관련 토론 중에서, 수정안이 학교에 영향을 미칠 것이라고 생각한 사람은 오로지 인디애나의 어떤 의원 한 명뿐이었다.

(4)수정안을 승인한 대다수의 주는 그것을 승인하는 바로 그 순간에 차별학교를 허용했거나 필요로 했다.

대법원에 의한 권력 남용에 굴복하지 않는다

여기서 이러한 증거를 철저히 다룰만한 여유는 없다. 그러나 사실들은 잘 기록되어 있고, 그것들은 이 문제에 대한 수정헌법 제14조의 의미에 관해 우리가 알아야 할 모든 것이다.

수정안은 인종 분리 학교를 불법화하려고 의도되지 않았고, 따라서 실제로 그것을 불법화하지도 않았다. 수정안은 교육 분야에 어떠한 연방 개입도 정당화하려고 의도되지 않았고, 따라서 실제로 그것을 정당화하지도 않았다.

그러므로 나는 학교 통합에 관한 대법원의 판결이 이 나라의 법률이라는 주장에 아무 감동도 받지 않는다. 헌법과 '그것의 실행 과정에서 만들어진' 법률들은 '이 나라 최고의 법'이다.

헌법은 제안자들이 그것이 어떠해야 한다고 의도하고 주장한 것이지, 대법원이 그것이 어떠해야 한다고 주장한 것은 아니다. 만약 우리가 헌법 기초자들의 의도를 우리 자신의 의도로 대체하는 관행을 용서한다면, 우리는 실제로 헌법적 통치의 원칙을 거부하는 것이다. 그것은 우리가 법치가 아니라 인치(人治)를 용인하는 것이다.

나는 하나의 제도로서 대법원에 대해 커다란 존경을 가지고 있다. 그러나 대법원의 권력 남용에 대해 무기력하게 굴복하기 때문에, 또한 입법적 통치 분야에 대한 위헌적 침해를 용납하기 때문에, 내가 그러한 존경을 표시하는 것은 결코 아니다.

  의회와 주도 대법원과 마찬가지로 그들 자신의 견해에 따라 헌법을 해석하고 따라야 할 의무가 있다. 따라서 폭력적 수단이 아니라면, 나는 교육에 관해 자신의 정당한 권한을 지키려는 주의 모든 노력을 지지한다.

  의회에 대해 나는 국가 입법기관이 교육 분야에서 주의 배타적 관할권을 재확인하는 헌법 수정안을 각 주에 제안함으로써, 그 문제를 분명히 정리해주기를 희망한다. 내 판단에는 이러한 헌법 수정안은 교육 분야에서 주의 배타적 관할권이 헌법에 의해 이미 명백하게 제공되었음을 확인하는 것이지만, 그래도 헌법 수정안은 그 사안에 대해 더 이상의 논란을 잠재울 것이다.

내가 브라운 판결에서 언명된 대법원의 목표와 같은 입장을 갖게 된 것은 우연이다. 나는 흑인 아이들이 백인 아이들과 마찬가지로 같은 학교에 다니는 것이 사려있고 공정하다고 믿으며, 또한 그들에게서 이러한 기회를 박탈하는 것이 심한 열등감을 불러일으킨다고 생각한다.

그러나 나는 나의 그런 판단을 미시시피나 사우스캐롤라이나의 주민들에게 강요하거나, 그들에게 어떤 방식이 채택되어야 하고 목적을 얻기 위해 어떤 속도를 가져야 한다고 주장할 준비가 되어있지 않다. 그것은 그들의 일이지, 나의 일이 아니다. 나는 인종 관계의 문제가 모든 사회적, 문화적 문제와 마찬가지로 직접 관련되는 주민에 의해 가장 잘 다뤄진다고 생각한다.

사회적, 문화적 변화는 아무리 바람직하더라도 국가권력의 엔진에 의해 달성되어서는 안 된다. 설득과 교육을 통해 우리가 결점이 있다고 생각하는 제도를 개선해보자. 그러나 그렇게 함에 있어 법률의 질서정연한 절차를 존중하자. 다른 어떠한 수단도 전제군주에게 왕좌를 내주고 자유를 위협하게 된다.

제 5 장

———

농민의 자유

"농업 및 그와 유사한 다른 사업의 관리 감독은 지역
입법에 의해 제공되기에 적합한 것이다. 따라서 그것들
은 결코 어떤 총괄기관의 바람직한 관심사일 수가 없다.
그러므로 그와 관련된 권한을 침해하려는 어떤 처분권
이 연방의회에 존재할 개연성은 거의 없다. 왜냐하면 그
러한 권한을 행사하려는 시도는 무가치할 뿐만 아니라
말썽을 일으키기 때문이다."

[알렉산더 해밀턴*, 〈페더랄리스트 페이퍼〉
제17호(Federalist Paper No. 17) 중에서]

해밀턴은 사람들이 무엇을 할지에 대해서는 잘
못 예측했다. 그러나 그들의 무모함에 대한 결과는
아주 정확하게 예견했다. 농업에 대한 연방의 개입
은 실제로 "말썽을 일으킨다."고 입증되었다. 이
러한 분야에서 헌법의 무시는 개인적 자유의 불가

---

* Alexander Hamilton(1757~1804): 초대 재무장관, 연방주
  의자, 헌법 기초자 중 한 사람. 심지어 연방주의자인 해밀턴
  조차 농업정책이 연방 정부의 업무가 아니라고 주장했음에도
  오늘날 연방 정부의 무분별한 개입이 이뤄지고 있다는 점을
  부각시키기 위해 위의 내용을 인용한 것임 _옮긴이

피한 상실을 초래했다.

그것은 경제적 혼란을 만들었다. 처치 곤란의 잉여농산물, 막대한 세금 부담, 높은 소비자 물가, 번잡한 통제…. 나는 제한적 정부의 원칙을 무시한 어리석음이 이보다 더 설득력 있게 보인 적이 있는지 의문이다.

우리가 그렇게 엄청난 규모로 실수를 저질러서, 심지어 우리의 비판 능력마저 그 과정에서 손상을 입은 것처럼 보인다. 그 문제를 잘 알고 있는 어느 누구도 가격 유지 및 생산 통제 정책이 어마어마한 실패였다는 점을 부정하지 않을 것이다. 그러나 오늘날 아주 우수한 일부 사람들은 지원을 늘리고 통제를 강화하는 것보다 더 나은 문제 해결책을 전혀 가지고 있지 않다!

정부의 경제 개입은 말썽을 초래한다

이 문제에 관한 헌법의 가르침은 아주 분명하다. 농업에 관한 일체의 권한이 중앙 정부의 어떠한 부서에도 주어지지 않았다. 1933년에 통과된 첫 번째 농업조정법(Agriculture Adjustment Act)의 주창자들은 이른바 헌법의 보편적 복지 조항에 입각하여 그 법률을 정당화하려고 했다.

대법원은 신속하게 '보편적 복지'라는 문구가 단순히 과세 권한의 필요조건이지, 의회에 어떤 것을 통제할 권한을 부여한 것이 아니라는 이유로 그 입법을 폐지시켰다. 대법원은 1936년 미합중국-버틀러 소송(United States v. Butler)에서 다음과 같이 주장했다.

"(농업 생산의) 규제는 사실상 자발적이 아니다. 물론 농민이 따르기를 거부할 수도 있다(그러나 그것은 현행법 아래에서 그에게 주어지지 않은 특권이다). 하지만 그러한 거부의 대가(代價)는 혜택의 상실이다…. 무제한적 혜택을 주거나 보류하는 권한은… 억압하거나 파괴하는 권한이다."

뉴딜 의회는 실질적으로 동일한 법률인 두 번째 AAA를 제정하여 응수하였다. 이번에 의회는 그 프로그램을 '주간(州間) 거래의 규제'로 정당화하려고 했다. 이것은 버틀러 판례에 대한 명백한 회피수단이다.

그러나 그 당시 '루스벨트 혁명'을 가로막아 엄청난 정치적 비난을 받던 대법원은 태도를 돌변해 새로운 법률을 지지했다. 연방 정부는 "거래를 규제한다."는 구실로 수많은 권한을 침해했다. 헌법 용어의 명백한 의미를 왜곡시킨 이 사례는 아마도 기록상 가장 악명 높은 것이다.

두 번째 AAA를 지지한 판례인 1942년 위커드-휠번(Wickard v. Filburn) 소송에서, 한 농민은 정부가 그에게 할당한 11에이커 대신 23에이커에 밀을 경작했다고 하여, '초과분' 밀이 그 자신의 농장에서 소비되었음에도 불구하고 벌금을 부과받았다.

그 농민은 알고 싶었다. 세상에 내가 내 자신의 가축에게 먹인 밀이 어째서 주간 거래에 해당한다고 할 수 있는가? 그것은 알기 쉬운 일이라고 대법원은 주장했다. 당신이 당신 자신의 밀을 사료로 사용하지 않았다면 당신은 다른 누군가로부터 사료를 샀을 것이고, 그 구입이 주간 거래로 운송된 밀 가격에 영향을 미쳤을 것이다! 이 괴상한 추론에 의해 법원은 아주 광범위한 거래 약관을 만들었고, 헌법이 분명하게 농업에 관한 관할권을 각 주에 위임한 것을 무효화했다. 말할 것도 없이, 비극은 농업에 대한 연방 정부의 위헌적 개입이 '농업 문제'의 해결에 우리가 조금이라도 다가서게 하지 못했다는 점이다. 문제는 연방 개입이 시작되자 오히려 농가 수입이 줄고 있었다는 점이다. 오늘날도 많은 농가의 수입이 여전히 낮다.

그럼에도 오늘날 우리는 추가적인 문제들 ― 자유를 제한하는 생산 통제, 높은 소비자 가격, 엄청난 곡물 잉여, 연간 60억 달러에 육박하는 엄청난 세금 등 ― 을 가지고 있다. 우리가 어떠한 종류의 가격 유지와 생산 통제 방식을 채택하더라도 이러한 문제들에 대한 해법은 계속해서 우리 손에 잡히지 않을 것이다.

　정부 개입이 해결한 것보다 더 많은 문제를 만드는 이유는 아주 간단하다. 다른 어떠한 생산과 마찬가지로 농업 생산은 자유시장의 자연스러운 작동에 의해 가장 잘 통제된다. 이 나라의 농민들이 그들의 농작물을 소비자가 지불할 의사가 있는 가격으로 자유롭게 파는 것이 허용된다면, 그들은 수요-공급의 법칙에 의거하여 국내 또는 세계 시장에서 소비될 만큼 생산하고 그만둘 것이다.

　또한 농민들이 대체로 그들의 농작물에 대해 충분히 높은 가격을 받지 못한다고 알게 되면, 그들

중 일부는 다른 종류의 경제활동으로 옮겨갈 것이다. 결과는 농업 생산이 감소하고 농업에 남은 사람들에게 더 높은 수입이 돌아가는 것이다.

그러나 정부가 이러한 자연스러운 경제 과정에 개입하고 소비자가 지불하려고 하는 것보다 더 높은 가격을 강제로 정한다면, 그 결과는 해밀턴의 표현을 빌자면 '말썽을 일으킬 것'이다. 국민들은 필요하지 않은 노동에 대해, 또한 소비될 수 없는 농작물에 대해 터무니없는 가격을 지불할 것이다.

최근 몇 년 사이에, 정부는 토지은행 및 경작지 퇴출 프로그램으로 과잉 생산 문제를 완화하려고 했다. 실질적으로, 이런 프로그램들은 뉴딜 시대에 헨리 월러스(Henry Wallace)에 의해 추진된 돼지 도축 및 감자 소각 시책의 현대판에 불과하다. 또한 그것들은 그 이전의 것들보다 잉여생산을 줄이는 데 더 성공적이지 못했다.

그러나 이러한 프로그램들에는 명백한 해악도

있다. 실제로 그것들은 생산하지 않는 것에 대해 사람들에게 보상을 준다. '경제발전'에 대해 커다란 관심을 나타내는 나라에서, 나는 생산하지 않는 것에 대해 보조금을 지급하는 것보다 더 불합리하고 자기 기만적인 정책은 상상할 수 없다.

농민들은 자립하기를 원한다

기술 발달과 다른 요소들에 의해, 미국의 수요와 접근 가능한 세계 시장의 수요가 지금보다 훨씬 적은 수의 농민들에 의해 충족될 수 있었다는 점을 우리가 깨달을 때까지, 잉여 농산물 문제는 해결되지 않을 것이다. 나는 진지한 농업문제 연구자라면 누구나 이러한 사실을 이해하지 못한다고는 믿을 수 없다. 부족했던 것은 실제로 아주 뻔한 문제에 대한 이해가 아니라, 그것에 대해 어떤 조치를 취하는 정치적 용기이다.

여기서 달리 애매한 말이 필요 없다. 그것에 관해 어떤 조치를 취한다는 것은 곧 농업 보조금 프로그램의 신속하고 궁극적인 중단이다. 농민들을 다른 분야로 들어가도록 설득하는 유일한 방법은, 자유시장 가격으로 팔릴 수 없는 농산물에 대해 비능률적인 농민들에게 (보조금을) 지급하는 것을 중단하는 일이다.

이것이 매정한 해법인가? 경제학의 자연법칙이 얼마나 많은 은행원, 약사, 시계공이 있어야 할지를 결정하는 것과 똑같은 방법으로, 그 법칙이 얼마나 많은 농민들이 있어야 할지를 결정하도록 하는 것이 냉혹한 일인가? 보조금 프로그램이 시행되기 전에는 그것은 결코 그렇게 생각되지 않았다. 농업에서 다른 활동 분야로 이동하는 것이 시작된 이래로, 나쁜 효과가 아니라 좋은 효과를 가지고 이 나라에서 진행돼 오고 있다는 점을 잊지 말자.

나는 이러한 과정이 정치인들로 하여금 그들 중 일부가 두려워하는 것만큼 그렇게 많은 표를 잃게 할 것이라고는 생각하지 않는다. 대부분의 농민들은 자립하기를 원한다. 그들은 자유시장에서 자신의 기회를 잡을 준비가 되어 있다.

그들은 무제한적인 정부 권한의 결과물인 우리들 대부분보다 더욱 깊은 인식을 가지고 있다. 그래서 그들은 농업을 자유와 경제적 완전함으로 되돌리는 데 있어, 대부분의 우리보다 더 커다란 관심을 가지고 있는 것으로 보인다.

제
6
장

———

노동의 자유

내가 나의 상원의원 이력 중에 가장 중요하다고 생각하는 표결을 골라야 한다면, 그것은 1959년 케네디-어빈 '노동 개혁 법안'(Kennedy-Ervin 'Labor Reform' Bill)에 대해 내가 행사한 표결일 것이다. 상원은 그 법안을 90:1로 통과시켰는데 반대한 표가 바로 나의 것이었다.

그 의안은 매클런 위원회의 조사에 의해 드러난 해악들에 대한 만병통치약으로 선전되었다. 그러나 나는 그것에 반대했다. 왜냐하면 나는 조합 권력에 대한 보호 수단의 대중적 요구에 부응하는 척했으나, 실제로 그렇게 하지 않은 그 법안이 오히려 언젠가 도래할 의미 있는 입법의 가능성을 가로막을 것이라고 확신했기 때문이다.

그러한 의견은 나중에 옳은 것으로 밝혀졌다. 하원이 케네디-어빈 법안을 거부했고, 그 대신에 훨씬 더 나은 의안인 랜드럼-그리핀 법안(Landrum-Griffin Bill)으로 대체했다.

양원 의원들 사이에 이어서 벌어진 회의는 하원안(案)에 단지 약간의 수정을 가했다. 나는 랜드럼-그리핀 원안의 90%가 회의 참석자들의 속기록에 그대로 남았다고 생각한다. 상원은 오직 반대 2표로 보고서를 채택했다. 그것은 나의 앞서의 불복이 옳았다는 증거였다.

그러나 불복은 여전히 계속되고 있다. 랜드럼-그리핀 법안이 케네디 의안에 대한 개선안이었지만, 의회는 여전히 노동 분야의 실제적인 해악과 씨름을 해야 한다. 수뢰와 부패는 노동운동을 가로막는 질병의 원인이 아니라, 그 증상이다. 원인은 조합 지도자 손에 집중된 엄청난 경제적, 정치적 권력이다.

그러한 권력은 고용주에게 비효율, 낮은 생산성, 높은 가격을 조장하는 계약 조건을 강요함으로써 국민경제를 해친다. 그런 모든 것들은 미국인들에게 좀 더 낮은 생활 수준으로 되돌아온다.

그것은 공직자의 선출에 부당한 영향력을 행사

함으로써 국민의 정치적 삶을 타락시킨다. 그것은
오직 일자리 상실을 감수해야만 조합 지도자들의
관행에 불복을 표명할 수 있는 수많은 개별 노동자
의 자유를 중대하게 제약한다.

우리 모두는 거대 노동 권력을 비판하는 것이 곧
반(反)노동자이고 반(反)노조라는 비난을 들어오
고 있다. 이것은 노조 지도자들의 이익을 채우는
주장이다. 그러나 그것은 대개 사실에 부합하지 않
는다. 그것이 내 관점에서는 분명히 옳지 않다고
여겨진다.

조합은 본래 자유의 표현이다

나는 적절하고 본연의 범위 안에서 유지되는 조
합주의는 나라를 위해 긍정적인 선을 수행한다고
믿는다. 조합은 노동자를 위한 경제적 정의를 이룩

하는 도구일 수 있다. 더구나 조합은 국가 사회주의의 대안이고, 따라서 그것을 억지시킨다.

무엇보다 중요한 것은 조합이 자유의 표현이라는 점이다. 적절히 구상된 직능별 조합은 정당한 목적의 달성을 위해 다른 사람들과 제휴할 수 있는 인간의 양도(讓渡) 불가한 권리의 표현이다.

직능별 조합 본연의 기능, 즉 조합이 역사적으로 구상된 근거가 되는 기능은, 고용 조건에 대해 고용주와 협상함에 있어 집단적 대표자를 원하는 종업원들을 대표하는 일이다. 그러나 조합이 대표자를 원하지 않는 종업원을 대표할 권리를 주장하거나, 또는 노동조건과 관계없는 활동(예컨대 정치 활동)을 하거나, 또는 개별 고용주가 아니라 산업 전반과 교섭하려고 하는 순간 그러한 기능이 왜곡된다는 점에 주목해야 한다.

미국이 19세기 후반에 농업국가에서 산업국가로 점점 변모함에 따라, 아울러 사업체 규모가 팽창함에 따라, 산업 임금 노동자는 노동조건에 대해 고용주와 교섭함에 있어 자신들이 분명한 열세에 있다는 점을 알았다. 개별 종업원의 경제적 힘에 비해 대기업의 경제적 힘이 커서 임금과 고용 조건이 거의 고용주가 원하는 대로 결정하도록 되었다.

이러한 조건에서 그들의 경제적 힘을 증대시키는 수단으로써 많은 종업원들은 함께 단결하고 고용주와 협상함에 있어 공동 대리인을 내세우기로 했다.

시간이 흐르자, 우리는 집단적 대리인을 통해 협상할 노동자의 권리가 법적 보호를 필요로 한다는 점을 알았다. 따라서 의회는 종업원들이 집단적으로 협상할 수 있도록 법률들, 특히 클레이턴법(Clayton Act)과 노리스 라과디아법(Norris LaGuardia Act), 와그너법(Wagner Act)의 특정 규정들을 제정했다.

여기는 그러한 법률들을 자세히 검토하는 자리

가 아니다. 그러나 그것들이 그 목적을 과잉 달성했다는 점은 분명하다. 어떤 무분별한 규정이나, 꼭 포함돼야 했으나 빠진 규정으로 인하여 우리가 달성하고자 했던 노동자와 경영자 사이의 미묘한 힘의 균형은 일방적으로 노동자에게 유리하게 기울었다.

좀 더 정확하게 지적하자면, 조합 지도자들에게 유리하게 되었다. 소수 사람들의 손에 이 엄청난 권력의 집중은 국가 경제 안정과 국가 정치 과정에 중대한 위협이라는 점을 나는 거듭 주장하는 바이다. 더 심각한 것은 그것이 개별 임금 노동자로부터 자유의 상당 부분을 가져갔다는 점이다.

조합을 폐지하거나 당연히 받아야 할 이득을 그들에게서 빼앗는 것이 아니라 균형을 재설정할, 곧 자유 사회에서 적절한 역할로 조합을 되돌려 놓을 때가 왔다.

조합 본연의 기능 수행을 위한 조건들

우리는 세 가지 조건, 즉 조합 참여가 자발적일 것, 조합이 그 활동을 집단적 협상에 한정할 것, 협상은 관련된 노동자의 고용주와 할 것이 준수될 때 비로소 조합이 본연의 기능을 수행한다고 알고 있다. 오늘날 그 조건이 위반되고 있는 정도 및 우리가 취하도록 요구받고 있는 개선 조치를 염두에 두면서, 조건을 하나하나 간략하게 논의해 보자.

이 주장은 아주 분명하여 무슨 정교한 노력이 필요하다고 보지 않는다. 각자의 양심과 이성이 명령하는 대로, 다른 사람과 연합하거나 연합하지 않을 자유보다 더 근본적인 것이 있겠는가? 그러나 강제적 조합주의는 오늘날 조직된 노동 계층의 서열상 특별한 것이 아니라, 규칙 그 자체이다.

수많은 노동자들은 자신들이 일하는 곳에서 공

인된 협상 대리인인 조합에 참여할 필요가 있다. '유니언 숍 계약'(union shop agreement)●은 이러한 노동자들에 대해 그들이 어떠한 조합에 가입할지, 또는 실제로 그들이 가입할지를 스스로 결정할 권리를 부정한다. 많은 시민들에게 있어 자유의 행사는 곧 일자리의 상실을 의미한다.

조합 가입은 자발적이어야 한다

강제적 조합주의의 결과로서 발생할 수 있는 바로 그런 일이 여기 있다. 펜실베이니아에 사는 어떤 가정적인 사람 X는 20년 이상 동안 괜찮은 처지의 조합원이었다. 연방 전기노조(United Electrical Workers)가 그 공장에 공인된 협상 대리인이 되었

● 유니언 숍 계약이란, 조합원인 것을 고용 조건으로 삼는 고용 계약을 가리킴 _옮긴이

을 때, 그는 UEW가 공산주의에 지배되어 있다는 이유로 참여하기를 거부했다.

그것은 산별노조회의(Congress of Industrial Organizations)가 1950년에 UEW를 제명했을 때, CIO 자신에 의해 내려졌던 결정에 의거한 것이었다. 그의 고용주가 UEW와 유니언 숍 계약을 맺자, 결과는 X가 일자리를 잃는 것이었다.

치유책은 결사의 자유에 대해 법적인 보호를 부여하는 것이다. 그것이 바로 내가 노조 가입을 고용 조건으로 하는 계약을 금지시키는 주 노동권리법(State right-to-work laws)의 제정을 지지하는 이유이다. 이러한 법률은 오늘날 미국 상황에서 커다란 폐습을 없애는 것을 목표로 하고 있다.

나는 '시민권'과 '시민 자유'에 대한 관심을 그토록 자주 공언하는 그토록 많은 사람들이, 그 법률에 열정적으로 반대하는 이유를 도저히 이해하기 어렵다. 결사의 자유는 인간의 자연권의 하나이다. 그러므로 분명히 그것도 시민권이어야 한다. 노동권리법은 자연법에서 유래한다. 그것은 단순히 결사의 자유에 민법의 부가적 보호를 부여하려는 시도이다.

나는 '공짜 짐꾼론'을 잘 알고 있다. 그것은 강제적 조합주의를 변호하기 위해 조합 지도자들에 의해 아주 자주 역설되는 것이다. 논란은 어떤 사람이 비용의 정당한 몫을 내지 않으면 그는 조직 활동의 혜택을 향유하지 말아야 한다는 것이다. 그러나 나는 강제로 이러한 논리를 강요하려고 하는 다른 어떠한 조직이나 기관도 알지를 못한다.

적십자는 직접적이든 간접적이든 우리 모두에게 혜택을 준다. 그러나 어느 누구도 적십자 기부금이 강제적이라고 주장하지 않는다. 사람이 자신의 이익을 위해 행동하고 있는 것으로 알려진 어떤 단체에 기부해야 마땅하다고 말하는 것과, 그가 실제로 그렇게 해야 한다고 말하는 것은 전혀 다른 문제이다. 그것이 조합원의 이익에 도움이 되는 좋은 조합이라면, 그는 그 조합에 참여해야 한다고 나는 생각한다. 더구나 조합이 그러한 지지를 받을만하다면 대부분의 사람들이 그 조합에 지지를 보낼 것이라고 생각한다.

물론 언제나 다른 사람들에게 빌붙으려고 하는 일부의 사람들이 있을 것이다. 그러나 일부 사람들에 대한 불평 때문에 모든 사람들의 선택의 자유를 부정해서는 안 된다. 노동권리법이 '노조 파괴' 장치라는 노조 지도자들의 또 다른 주장은 결코 사실에 입각해 나온 것이 아니다.

최근 조사연구는 노동권리법을 제정한 19개 주 모두에서 조합 가입자가 그 법이 통과된 후에 늘어났다고 밝혀주었다. 세계 도처에서 조합 운동은 자발적인 바탕 위에 놓일 때 발전했다는 점을 잊지 말아야 한다. 통념적인 믿음과는 달리, 강제적 조합주의는 노동운동의 전형이 아니다. 그것은 미합중국과 영국에 널리 퍼져 있다.

그러나 서유럽의 다른 나라나 호주에서는 조합 가입이 일반적으로 자발적 바탕 위에 놓여 있다. 실제로 아주 높은 노동자 조직률은 법에 의해 강제를 금지한 나라들에서 발견된다. 그러한 나라들에서는 조합원들이 자신의 자유의사에 충실한 경우에, 해당 조합이 더 강하고 더 유능하다는 원칙에 입각해 조합들이 운용된다.

나는 바로 여기에 노동운동에서 수뢰나 부패와 싸우는 현명한 방식이 있다고 본다. 노조 지도자들이 노동자들에게 조직에 가입하기를 강요할 수 있는 한, 그들은 책임 있게 행동할 어떠한 유인도 가질 필요가 없다. 그러나 노조가 어떻게 해나가는가에 따라 노동자가 가입이나 비(非)가입을 선택할 수 있다면, 부당 행위를 근절해야 하는 압박이 반드시 생겨날 것이다.

노조가 조합원의 지지를 얻어야 한다면, 그 결과

는 노동자에게 좀 더 많은 자유뿐만 아니라 조합
일의 처리에서 훨씬 적은 부정과 독단일 것이다.

조합의 정치적 활동은 제한되어야 한다

우리가 정치적 자유를 행사하는 하나의 방법은
우리가 선택하는 후보에게 투표하는 것이다. 또 다
른 방법은 다른 유권자들도 같은 선택을 하도록 설
득하려고 돈을 쓰는 것이다. 그것은 곧 후보의 캠
페인에 기부하는 것이다.

이러한 자유 중에 어떠한 것이라도 부당하게 침
해받는다면, 그 결과는 개별 투표자나 기부자뿐만
아니라, 자유로운 정치과정이 정치 권력의 광범위
한 분산에 의존하는 사회에 대해 아주 심각하다.

바로 이러한 정치적 기부의 두 번째 방식에서, 조
합이 미국인의 자유를 심각하게 제한하고 있다. 개

별 조합원들이 지지할 수도 있고 지지하지 않을 수도 있는 목표, 곧 비교적 소수의 조합 지도자들에 의해 결정되는 목표에 대해 먼저 협의해 보지도 않고 조합원들의 돈을 지출함으로써 조합은 자유를 제한한다.

아마도 노동운동에서 가장 엄청난 낭비자는 전적으로 조합 일반 기금에 의해 '교육' 사업에 대해 지원받는 강력한 AFL/CIO 정치교육위원회다.

조합이 정치 캠페인에 대해 얼마나 지출하는지는 말할 수 없다. 분명히 우리는 공식적으로 보고되는 금액에서는 알 수가 없다. 그것은 예외 없이 아주 왜곡된 모습을 보이기 때문이다.

예를 들어 1956년에 노동계는 공식적으로 94만1천271달러의 지출을 인정했다. 그 공식 보고에 따르면, 총액 중의 7만9천939달러가 미시간주에서 지출되었다. 그러나 상원 조사위원회는 그 해에 미시간의 70만 명의 조합원이 '시민권 기금'에 대한 기부금으로서 1인당 1달러 20센트씩 부과받았고, 이 돈이 정치 활동에 이용될 수 있다는 증거를 얻었다.

이것은 노동계가 오직 하나의 항목에 7만9천 달러가 아니라 거의 100만 달러를 지출했음을 시사한다. 전국 규모로 차이를 추산해보면, 우리는 노동계의 정치 기부금 규모를 좀 더 실질적으로 추산해볼 수 있다.

물론 조합의 정치적 활동이 직접적인 재정 기부에 국한되지는 않는다. 실제로 이것은 아주 작은 활동의 하나이다. 조합은 투표 당일 자질구레한 일들, 예컨대 전화 걸기와 차량 운전, 투표 독려 등을 위한 인력을 제공한다.

종종 이런 자질구레한 일들을 수행하는 조합원들은 조합 기금에서 시간외(時間外) 수당을 받는다. 조합도 라디오나 텔레비전 프로그램을 후원하고, 조합이 선택한 후보를 지원하도록 제작된 엄청난 양의 인쇄물을 돌린다. 간단히 말해, 조합은 정규 정당 조직의 모든 기능을 수행한다.

여기에 폐습은 또 있다. 후보 X를 지지할지 후보 Y를 지지할지, 곧 공화당을 도울지 민주당을 도울지, 조합의 결정은 조합원의 투표로 이뤄지지 않는다. 그 결정은 소수의 조합 고위 간부들에 의해 이뤄진다.

따라서 이러한 소수의 사람은 다른 사람의 돈을 지출하는 능력으로 인해 굉장한 정치적 권력을 행사할 수 있다. 미국에서 어느 누구도 그렇게 특권적이지 못하다.

다른 폐습은 더욱 심각하다. 개별 조합원들은 그들의 돈을 어떻게 지출해야 할지 스스로 결정할 권리를 가지지 못한다. 분명히 이 점에서 하나의 도덕적 쟁점이 위기에 놓여 있다. 예를 들어 공화당원인 조합원의 돈을 거둬 그것을 어떤 민주당 후보를 위해 지출하는 것이 도덕적으로 용인될 수 있는가?

이 우스꽝스러운 일은 돈이 강제적인 조합비의

형태를 가질 때 더욱 심각해진다. 유니언 숍(union shop) 조건 아래에서, 어떤 개인이 자신이 지지하지 않는 후보의 정치 캠페인에 기부하는 것을 피할 수 있는 유일한 방법은 일자리를 포기하는 것이다.

노동권리법의 통과는 상황을 개선할 것이다. 그러나 조합주의를 자발적 기반 위에 놓는 일은 오로지 해답의 일부일 뿐이다. 심지어 어떤 사람이 자신이 동의하지 않는 목적에 돈을 지출하는 조합을 떠나거나 참여를 거부할 수 있을지라도, 그를 설득하여 그렇게 하는 것을 단념시킬 다른 요인들이 있을 수 있다.

일자리 상실의 위협은 아예 제쳐 놓고라도, 많은 공동체에서 조합에 참가하라는 강력한 경제적, 사회적 압력이 행사된다. 결과적으로, 그 사람은 조합의 정치적 활동에 동의하지 않더라도 조합에 가입하기로 결정하게 된다.

그러면 다음과 같은 질문이 남는다. 그러한 사

람의 조합비가 정치적 목적에 사용되어야 하는가? 대답은 분명히 "아니오!" 이다. 조합은 아마도 조합원들의 경제적 이익을 위해서 존재하는 것이지, 그들의 정치적 사업을 수행하기 위해 존재하는 것은 아니다.

따라서 조합은 어떤 종류의 정치적 활동에도 참여하는 것이 금지되어야 한다. 나는 연방 부패행위 방지법(Federal Corrupt Practices Act)이 그런 활동을 금지한다고 믿는다. 그러한 법이 '교육적' 접근 방식이나 다른 장치에 의해 교묘하게 회피되어 왔고, 의회와 법원은 실제로 다른 방식을 찾아내려고 했다. 그러나 유일한 치유책은 새로운 입법으로 보인다.

정치 권력의 가급적 광범위한 분산을 달성하기 위하여, 정치 캠페인에 대한 재정적 기부는 개인에 의해, 오로지 개인에 의해서만 이뤄져야 한다. 나는 노동조합, 또는 기업이 정치에 참여해야 할 어떤 이유도 발견할 수 없다. 둘 다 경제적 목적을 위해 만들어진 것이고, 따라서 그들의 활동은 제한되어야 한다.

자유의 적은 억제되지 않은 권력이다

미국인들은 충격이 휘몰아칠 때마다, 최근 몇 년 사이에 국민의 경제적 삶에 그의 의도를 강요하는 대형 노동조합에 의해 크게 불안을 겪었다. 근래의 철강업계 다툼과 그 타결 조건은 사회의 나머지 부분의 희생에도 불구하고, 자신의 방침을 관철시킨 노조의 힘을 보여주는 가장 최근의 사례이다.

파업이 시작되었을 때 중립적 관찰자들은, 흔히 조합에 우호적인 정부의 경제 전문가들을 포함하여, 철강 노동자의 임금 요구가 과도하고 불가피하게 추가적인 인플레이션을 유발하리라는 점에 동의했다. 또한 특정 '취업 규칙'이 비효율을 조장하고 생산을 저하시킨다는 철강회사 측 주장이 매우 옳다는 점에도 동의했다.

그럼에도 불구하고 철강회사들은 취업 규칙의 개정을 무기한 연기하고, 노조의 임금 요구를 대부분 수용하는 타협안을 받아들일 수밖에 없었다.

노조가 승리한 이유는 아주 간단하다. 노조는 국가에 대해 국가안보를 위협하는 철강 생산의 동맹 파업을 감내하든지, 또는 집단적 협상 과정을 포기하든지 양자택일을 제시했다.

철강회사나 국가나 어느 쪽도 강제적인 중재에 의지하기를 원하지 않았으므로, 취할 수 있는 방도는 조합이 요구하는 바를 조합에게 주는 것이었다. 이러한 상황에서 노조 권력보다 우월한 유일한 권력은 정부 권력이었지만, 정부는 굴복을 선택했다.

노조의 권력을 억제하는 하나의 방법은 정부가 강제적인 중재를 통해 어떤 업계 전반에 걸친 고용 조건을 결정하는 것이다. 그러나 나는 이러한 방침에 반대한다. 왜냐하면 그것이 단지 경제적 권력을 노조에서 정부로 이전하여 국가사회주의(State Socialism)를 조장하기 때문이다. 다른 방법은 노조 권력을 분산시켜 노동-경영 관계에서 자유를 확대하는 것이다.

이것과 유사하게 80년 전에 국가는 경제 권력의 집중 문제에 직면했다. 대기업들이 어떤 업계 전반에 대해 독점 통제력을 구축함으로써, 자유에 도움이 되는 경쟁 법률들을 무력화시켰다. 우리는 셔먼법(Sherman Act)이나 다른 반(反)트러스트 입법을 통해 독점을 불법화함으로써 그러한 도전에 대응했다. 그러나 이러한 법률들이 노동조합에 적용된 적은 결코 없다.

나는 도저히 그 이유를 이해하기 어렵다. 하나의 기업이 어떤 업계 전반에 걸쳐 가격을 결정하는 것이 잘못이라면, 하나의 노조 또는 실제 경우에서 그러하듯이 소수의 노조 지도자가, 어떤 업계 전반에 걸쳐 임금과 고용 조건을 결정하는 것도 잘못이다.

제거되어야 할 악폐는 바로 업계 전반에 걸친 협상을 강요하는 노조의 권력이다. 종업원들은 우리가 보아왔듯이 그들의 고용주와 협상하기 위해, 어떤 공동의 대리인을 선택할 권리를 갖는다. 그러나 현실적으로 그들은 그 산업의 모든 고용주들과 협상할 어떤 전국적인 대리인을 선택할 권리를 갖지 못한다. 어떤 노조가 전국에 걸쳐 일률적인 고용 조건을 강요할 권한을 갖는다면, 그 권한은 사회주의 정부의 권한에 필적하는 것이다.

고용주는 당연한 이유로 인해 집단적으로 행동하는 것이 금지되어 있다. 똑같은 이유가 노동조합에도 적용된다. 업계 전반에 걸친 가격 결정이 경제적 혼란을 가져온다? 업계 전반에 걸친 임금 결정도 마찬가지이다. 한 나라의 어느 지역에서 적절한 임금도 경제적 조건이 아주 상이한 또 다른 지역에서는 그렇지 않을 수 있다.

기업 독점이 자유 시장의 작동을 해치며, 따라서 소비 대중에게 해를 끼친다. 조합 독점도 마찬가지이다. 미국 자동차노조(United Automobile Workers)가 자동차 업계로부터 임금 인상을 요구할 때, 서로 독립적이고 경쟁적인 수많은 회사들에 대해 하나의 단일 조직체가 나서는 것이다. 대결은 불공정한 것이다. 조합은 한 회사를 다른 회사에 대항시켜 이득을 볼 수 있기 때문이다.

결과는 개별 회사가 과도한 임금 요구를 거부할 수 없으며, 그러고 나면 가격을 올려야 하는 것이다. 궁극적으로 소비자가 손해를 본다. 그는 자유 시장 경쟁, 곧 수요 공급 법칙이 아니라, 임의적 결정에 의한 가격을 지불하게 되기 때문이다.

포드의 종업원들이 포드와 상대하고, 클라이슬러의 종업원들이 클라이슬러와 상대하고, 그밖에도 그렇게 한다면 그것이 훨씬 더 낫다. 집단적 협

상 절차가 직접적으로 관련된 고용주와 종업원에
제한된다면, 그것은 모든 업계에서 공동선을 위해
작동할 것이다.

앞으로 기업이든 노조든 모든 독점에 대해 전쟁
을 벌이자. 자유의 적은 억제되지 않는 권력이다.
자유의 투사는 그가 어디에서 그것을 발견하든 권
력의 집중에 맞서 싸우기 바란다.

제 7 장

———

세금과 지출

우리 모두는 과도한 세금 문제에 대해 일생 동안 많이 들었지만, 실제로 벌어지는 상황을 직접 보지는 못했다. 그의 지역구민들에게 낮은 세금을 위해 죽도록 싸우겠다고 약속하지 않은, 그럼에도 불구하고 감세를 불가능하게 만드는 아주 낭비적인 사업에 줄곧 찬성표를 던지지 않은 정치인이 어디 있는가? 이 말에 해당하지 않는 사람들이 약간 있기는 있다. 그러나 나는 다수가 아니라서 걱정이다.

세금 축소 논의는 이처럼 공허하게 들리게 된다. 사람들은 듣기는 해도 믿지는 않는다. 그래서 더 나빠진다. 대중이 점점 더 냉소적으로 되면 될수록, 정치인은 그의 약속을 심각하게 여겨야 하는 부담을 점점 덜 느끼게 된다.

나는 냉소주의와 이행 실패라는 이런 악순환이, 주로 민주당이 과세 문제와 그토록 밀접하게 관련되어 있는 도덕적인 원칙을 토론에서 아예 없애버린 결과가 아닌가 생각한다. 우리는 과세를 "정부가 돈을 얼마나 필요로 하는가?"라는 단지 공적인 자금조달의 문제로만 바라보도록 이끌려 왔다.

우리는 개인적 자유에 대한 과세의 영향력을 경시해왔고, 종종 그것을 아주 망각해왔다. 우리는 정부가 주민의 복지에 대해 궁극적인 권한을 가지며, 따라서 단 하나의 타당한 질문이 "정부가 그 권한을 얼마나 행사해야 하는가?"라고 설득되어 왔다.

나는 미국 납세자가 자신의 돈에 대한 자신의 권한에 대해 자신감을 잃었다고 생각한다. 자신의 부에 대해 어떠한 요구를 하든지 정부가 권한을 주장하기만 하면 도리 상 그것을 제공해야 한다는 생각으로 인해, 납세자는 과중한 과세에 저항하지 못하는 불구자가 되어 버렸다.

나는 '사물의 본성'(nature of things)이 아주 다르다는 점을 인정한다. 정부는 개인의 소득에 대해 궁극적인 권한이 없다. 자연법의 가장 중요한 가르침은 사람이 재산을 소유하거나 사용할 권리이다.

따라서 사람의 소득은, 자신의 토지나 자신이 살고 있는 집과 마찬가지로 자신의 재산이다.

실제로, 산업 시대에는 소득이 아마도 가장 일반적인 형태의 재산이다. 최근 몇 해 사이에 탐욕이나 물질주의로 연결 지어 '재산권'을 경시하려는 풍조가 있었다. 재산권에 대한 이런 공격이 실제로는 자유에 대한 공격이다. 그것은 인간을 총체적으로 고려하지 못한 오늘날 실패의 또 다른 사례다.

사람이 자유를 행사하는 수단을 거부당한다면, 그가 진정으로 어떻게 자유로울 수 있는가? 자기 노동의 과실을 처분할 때는 자신의 것이 아니고, 그 대신에 공공적인 부(富)라는 공동 저수지의 일부로 다뤄진다면 그가 어떻게 자유로울 수 있는가? 재산과 자유는 분리될 수 없다. 정부가 세금의 형태로 전자(재산)를 취하는 만큼, 그것은 후자(자유)를 침해하는 것이다.

무거운 세금 부과는 자유에 대한 제한이다

과세가 일반적으로 우리의 자유를 얼마나 침해하는가 하는 사례가 여기 있다. 연간 4천500달러를 버는 어떤 가구원이 평균적으로 한 달에 22일 동안 일한다. 눈에 보이는 것이든 안 보이는 것이든, 세금은 그의 소득의 약 32%를 차지한다. 이것은 한 달 노동의 3분의 1, 곧 완전히 7일이 세금으로 나간다는 것을 의미한다.

따라서 평균적인 미국인은 노동시간 중의 3분의 1은 정부를 위해 일한다. 곧 그가 생산하는 것의 3분의 1은 그 자신의 용도를 위해 이용할 수 없으며, 그것을 벌지 않은 다른 사람들에 의해 압수되어 사용되는 것이다. 이러한 방법에 의해 미합중국은 이미 3분의 1이 '사회주의화' 되어 있다는 점을 주목해야 한다.

전(前) 상원의원 태프트(Taft)●는 종종 다음과 같이 강조했다. "정부 탈취를 통해 사회주의화할 수 있는 것과 마찬가지로, 바로 당신들은 우리가 이미 도달한 30% 이상의 과세 부담의 지속적인 증대를 통해 사회주의화할 수 있다. 무거운 세금의 부과야말로 자유에 대한 제한이다."

그러나 각 사람이 자신의 재산에 대해 양도할 수 없는 권리를 갖는다고 주장했다면, 또한 각 시민이 정부의 적법한 기능에 대한 자신의 적당한 몫을 낼 책무를 갖는다고 주장되어야 마땅하다. 다른 말로 하자면, 정부는 우리의 부에 대해 약간의 권한을 갖는다. 문제는 개인의 재산권을 적절히 고려하는 방식으로 그 권한을 정의하는 것이다.

정부의 타당한 청구액의 크기, 곧 정부가 세금으로

● Robert Taft(1889~1953): 하원의원, 상원의원, 공화당 원내대표 역임. 뉴딜정책의 사회주의화와 중앙 집중화를 비판하며 새로운 노사관계법 제정 등에 진력함. 공화당 당내 대선 후보로 두 차례나 나섰으나 지명에는 실패함 _옮긴이

취할 수 있는 총액은 우리가 '정부의 적법한 기능'을 어떻게 정의하느냐에 의해 결정될 것이다. 연방 정부와 관련하여, 헌법은 적법성의 적절한 기준이다. 정부의 '적법한' 권한은 우리가 보아 왔듯이 헌법이 그것에 위임한 권한이다.

그러므로 우리가 헌법에 충실하다면, 연방 정부의 과세 총액은 우리 대표자들이 국익을 위해 필수적이라고 생각하는 바로 그러한 위임된 권한을 행사하는 비용이 될 것이다. 그러나 반대로 연방 정부가 위임된 권한에 의해 승인되지 않은 사업을 벌인다면, 그러한 사업에 지불하기 위해 필요한 세금은 우리의 부에 대한 정부의 타당한 권한을 초과하게 된다.

세법의 누진적 적용을 없애야

정부가 청구서를 돌리기 전에 정의(definition)가

먼저 이뤄져야 한다. '적당한 몫'은 무엇인가? 나는 여기서 공정의 요건이 아주 분명하다고 생각한다. 그것은 곧 정부는 오로지 각 사람의 부의 동일한 비율을 요구할 권한을 가질 뿐이라는 점이다.

재산세는 전형적으로 이러한 바탕에서 부과된다. 세금이 재산 대신 거래에 대해서 부과되지만, 소비세나 판매세도 같은 바탕을 가지고 있다. 원칙은 소득, 상속, 증여에 관해서도 똑같이 유효하다.

연간 1만 달러를 버는 사람이 수입의 20%를 내도록 되어 있는 데 반해, 연간 10만 달러를 버는 사람이 정부에 수입의 90%를 내놓도록 해야 한다는 생각은 공정에 관한 나의 관념으로 용납할 수 없다. 나는 성공을 징계해야 한다는 가치를 지지할 수 없다.

좀 더 노골적으로 말하자면, 나는 그의 노동이 그의 이웃보다 좀 더 풍성한 결실을 생산한 사람에게 그가 산출한 풍성함을 즐길 기회를 부정하는 것은,

우리가 방금 언급한 재산에 대한 자연권에 배치되고 따라서 부도덕하다고 생각한다.

정부가 세입 목표를 위해 누진세를 필요로 한다는 주장이 있는데, 사실은 그 반대이다. 20%를 넘는 소득세로부터 거둬진 총 세입은 50억 달러에도 미치지 못한다. 그것은 연방 정부가 오늘날 농업이라는 하나의 항목에 지출하는 것보다 더 적은 것이다.

누진세는 몰수적 세금이다. 그 효과와 그 의도의 상당 부분은, 모든 사람을 보통 수준으로 끌어내리려는 것이다. 누진세의 수많은 선도적 지지자들은 그들의 목적이 국가의 부를 재분배하는 것이라고 솔직히 인정한다.

그들의 목표는 평등사회이다. 그것은 공화당의 특징이나 자연법을 모두 해치려는 목적이다. 우리 모두는 신의 눈에는 평등하다. 그러나 다른 어떤 점에서도 평등하지 않다. 우리가 그러한 특징을 회복시키고 그러한 법을 존중하고자 한다면, 불평등한 사람들 사이에 평등을 강제하려는 인위적 장치는 거부되어야 한다.

따라서 세금에 관련한 한 가지 문제는 공정을 적용하는 것, 곧 세법의 누진적 특성을 없애는 것이다. 그래서 우리가 이 일에 빨리 착수할수록 더 좋다.

또 다른 문제는 우리의 일상생활에 가장 커다란 영향을 미치는 것인데, 그것은 바로 세금의 양(volume)을 줄이는 일이다. 더구나 이것은 우리로 하여금 정부 지출에 대해 의문을 갖게 한다.

연방 금고에 돈이 있는 한 지출이 결코 줄여지지 않을 것이라는 생각에는 장점도 있지만, 나는 실제적인 문제로서 지출 삭감이 감세보다 더 우선적이어야 한다고 생각한다. 우리가 확실하고 원칙에 입각한 지출 결정이 이뤄지기 전에 세금을 삭감한다면, 우리는 적자 지출 및 불가피하게 수반될 인플레이션 효과를 초래할 것이다.

지출 분야에서, 집권 7년 동안 공화당의 성과는

아주 실망스러웠다.

1952년 여름, 공화당 전당대회 직후에 대통령 후보 지명을 위해 다퉜던 두 사람이 뉴욕의 모닝사이드 하이츠에서 만나 세금과 지출 문제를 논의했다. 회의를 끝내고 상원의원 태프트(Taft)는 발표했다.

"아이젠하워 장군은 전반적인 지출을 과감하게 축소하자는 나의 제안에 전적으로 동감을 표했다. 우리의 목표는 1954 회계연도에 약 700억 달러이고(트루먼 대통령은 810억 달러를 제안했다), 1955 회계연도에 600억 달러이다… 물론, 나는 그것보다 더 잘 되기를 바라고 삭감이 지속적으로 이어질 수 있기를 기대한다."

그때부터 1955년도의 600억 달러 예산이라는 개념과 추후의 추가적인 삭감 약속은, 공화당 캠페인의 필수적인 부분이 되었다.

우리가 지출을 삭감하겠다는 약속을 단지 이행하지 못하기만 했다면, 오늘날 이렇게 나쁘지는 않을 것이다. 그러나 사실은 연방 지출이 공화당 시절 동안 오히려 크게 증가했다는 것이다. 600억 달러 예산 대신에, 우리는 1961 회계연도에 거의 800억 달러의 예산에 직면했다.

사회보장 및 연방 고속도로 사업을 위한 신탁 펀드의 지출을 공식 예산 금액에 더한다면 — 우리가 연방 지출의 실질적 모습을 보려고 한다면 반드시 그렇게 해야 한다 — 전체 연방 지출은 950억 달러에 근접할 것이다.

우리는 증가된 연방 지출이 단지 증가된 국방비의 결과일 뿐이라고 흔히 말한다. 이것은 사실이 아니다. 지난 10년 사이에, 순수한 국내 지출은 1951 회계연도 152억 달러에서 1961 회계연도 제안액 370억 달러*로 증가했다. 이것은 143% 증가이다!

---

* 이 수치들은 국가 채무에 대한 이자 지불을 포함하지 않은 것이다 _원저자

약간 다른 척도로 측정한 수치도 있다. 트루먼 행정부의 마지막 5년 동안, 국내 용도를 위한 연간 평균 연방 지출은 177억 달러였다. 반면 아이젠하워 행정부의 마지막 5년 동안, 그것은 336억 달러였다. 이것은 89% 증가이다.

인구 증가에 대한 약간의 허용 한도가 주어져야 할 것이다. 보살펴야 할 사람이 더 많아진다면, 분명히 동일한 복지사업이라도 더 많은 비용이 들 것이다. 그러나 인구 증가로는 지출 증가를 설명할 엄두조차 내기 어렵다. 연방 지출이 143%나 늘어난 10년 동안, 우리 인구는 대충 18% 증가했을 것이다. 인플레이션도 그 차이를 설명할 수 없다. 과거 10년 사이에 달러의 가치는 20%도 떨어지지 않았다.

마지막으로 우리는 국가 전체 지출 중의 정부 몫이 중요한 것이며, 결과적으로 우리가 국민총생산 (GNP)을 고려해야 한다고 자주 들었다. 그러나 다시 말하건대, 지난 10년에 걸쳐 대충 40%인 국민총생산의 증가가 연방 지출의 143% 증가에 비교될 수 없다. 여기서 다음과 같은 결론은 피할 수 없다. 곧, 연방 지출이나 국가주의를 억제하기는커녕 우리 공화당원들은 오히려 그러한 경향을 더욱 진척시키고 말았다는 것이다.

물론, 나는 민주당 행정부 아래라면 사정이 달라졌을 것이라는 점을 주장하는 것이 아니다. 해마다 민주당의 전국 지도부는 연방 정부가 지금 지출하고 있는 것보다 더 많이 지출할 것과, 공화당원들도 지출을 제안할 것을 요구하고 있다.

올해에도 아이젠하워 대통령이 1961년도 예산안을 제출하기 몇 주 전에, 민주당 전국자문위원회는 연방 정부의 거의 모든 부서에 대해 낭비적 지출을 요청하는 성명을 발표했다. 국내 지출의 증액 요청만 놓고 보더라도, 연간 200억 달러로도 그 비용을 대기가 어렵다.

개인에게 자유와 존엄을 되돌려주자

그러나 나는 우리의 정치 정당 중 어느 쪽도 정부 지출의 문제에 심각하게 직면하지 않았다고 말하는 것이 아니다. 한 해에 대략 70억 달러를 납세자들에게 절약시킬 수 있다는 후버 위원회(Hoover Commission)의 권고안들은 대부분 무시되어 왔다.

그러나 이러한 권고안들조차도 그것들이 대부분 사치나 낭비와 관계있는 것처럼 다룬 나머지, 정작 문제의 핵심에는 다가서지 못하고 있다. 근원적 악폐는 정부가 그 안에서 적법한 임무를 전혀 찾을 수 없는 활동에 관여한다는 점이다. 연방 정부가 어떤 주어진 사회적, 경제적 분야에서 책임을 정당화하는 한, 그러한 분야에서 정부의 지출은 실질적으로 축소될 수 없다.

연방 정부가 예를 들어 교육에 대한 책임을 정당화하는 한, 연방 보조금은 적어도 전국의 학교를 지원하는 비용에 직접적으로 비례하여 증가될 수밖에 없다. 실질적으로 지출을 절감하는 유일한 방법은 초과 지출이 요구되는 프로그램들을 아예 없애 버리는 것이다.

정부는 헌법적 위임 이외 일체의 프로그램들, 가령 사회복지 프로그램을 위시하여 교육, 공권력, 농업, 공공 주택공급, 도시 재개발을 비롯해 하급 정부나 민간기구나 개인에 의해 더 잘 수행될 수 있는 모든 활동에서 물러나기 시작해야 한다. 나는 연방 정부가 하룻밤 사이에 이 모든 프로그램을 내려놓으라고 주장하는 것이 아니다. 그렇지만 나는 우리가 차근차근 준비된 퇴각을 위하여 법에 입각해 정밀한 시간표를 만들 것을 제안하는 바이다.

예를 들어 우리는 연방의 참여가 바람직하지 않은 모든 분야에서, 매년 10%씩 지출 감축을 고려해볼 수 있다. 무제한적인 정부의 원칙에 대해 이와 같이 단호하게 도전을 해야만, 비로소 미국 국민들은 과중한 세금에서 벗어나고 자유를 되찾는 방향으로 나아가기 시작할 것이다.

아울러 세금과 지출을 축소함에 있어 반드시 국익을 잊지 말자. 우리가 오늘날 그렇게 많이 듣고 있는 '경제성장'의 요구는, 국가의 경제적 세력들을 통제하는 정부에 의해 성취될 수 없다. 그 대신, 그들을 해방시켜 줌으로써 성취되는 것이다.

세금과 지출을 축소함으로써 우리는 개인이 자신의 자유와 존엄을 주장할 수 있는 수단들을 그에게 되돌려 줄 뿐만 아니라, 언제나 외적(外敵)에 대해 궁극적인 방어력이 될 경제력을 국민에게 보장해줄 것이다.

제
8
장

———

복지 국가주의

워싱턴 대통령은 1961 회계연도에 보건·교육·복지부의 지출이 (사회보장 지급을 포함하여) 150억 달러를 넘어설 것이라고 추정했다. 이처럼 뉴딜 입법은 오늘날 이 나라에서 인간적 복지를 위한 연방 예산지출로 나타나고 있다. 그 규모가 국방비에 이어 무려 두 번째이다.

〈뉴욕타임스〉 1960년 1월 18일자, 제1면

여러 해 동안, 우리의 자유에 대한 주된 국내적 위협이 칼 마르크스의 독트린에 담겨 있었던 것처럼 보였다. 공산주의자이든, 비(非)공산주의자이든 집단주의자들은 "생산수단을 사회화한다."는 마르크스적 목표를 채택했었다. 그래서 집단화가 이뤄진다면, 그것이 국유 및 국영 경제의 형태를 취할 것처럼 보였다. 나는 이것이 더 이상 주된 위협인지 의심스럽다.

집단주의자들은 이 나라에서든 다른 서구 산업국가에서든, 자유기업이 계급투쟁을 유발할만한 경제적, 사회적 조건을 제거했다는 점을 발견했다.

거대 생산력, 부의 광범위한 분배, 높은 생활 수준, 노동조합 운동… 이러한 것들과 그 밖의 요인들은 평화적이든 그렇지 않든, '프롤레타리아'가 봉기하거나 생산재의 직접적인 소유를 떠맡아야 할 만한 어떠한 유인도 제거했다.

　이것이 매우 중요한 것인데, 독단적인 마르크스주의의 파산은 이미 서독의 공산당에 의해, 그리고 영국 공산당의 주도적 분파에 의해 분명히 인정되었다. 이 나라에서 (물론 공산당은 아니지만) 마르크스주의적 접근 방식의 포기는 사회당의 미미한 힘에 의해, 그리고 아마도 가장 두드러지는 것으로는 좌파 문헌의 내용에 의해, 또한 민주주의적 행동을 위한 미국인 모임(Americans For Democratic Action)과 같은 좌파 정치단체의 프로그램에 의해 입증되었다.

국가 복지주의의 숨겨진 해악

집단화에 관해 오늘날 선호되는 제도는 복지 국가이다. 집단주의자들은 개인을 국가에 종속시키려는 그들의 궁극적인 목표를 결코 포기하지 않았다. 그렇지만 그들의 전략은 변화했다. 그들은 사회주의가 국유화를 통해서처럼 복지 국가주의를 통해서도 이룩될 수 있다고 배웠다.

그들은 사유재산이 소유권 박탈에 의해서처럼 과세에 의해서도 효과적으로 압수될 수 있다고 이해한다. 그들은 국가를 개인의 고용주로 삼는 것뿐만 아니라, 개인적 요구를 제공하는 수단을 개인에게서 빼앗음으로써, 또한 요람에서 무덤까지 그러한 요구를 보살피는 책임을 국가에 부여함으로써, 개인이 국가의 처분에 맡겨진다고 이해한다.

더구나 이것이 아주 중요한 사항인데, 그들은 국가 복지주의가 민주사회의 정치과정과 훨씬 더 잘 어울린다는 점을 발견했다. 국유화가 대중적 반대로 흐르자, 집단주의자들은 '공짜' 연방 혜택, '공짜' 주택 제공, '공짜' 학교 보조금, '공짜' 의료, '공짜' 은퇴 연금 등의 약속을 내세워 매표(買票)라는 단순한 방편에 의해 복지 국가가 세워질 수 있다고 확신한다. 이러한 판단이 맞다는 것은 오늘날 복지에 할당된 연방 예산의 몫, 오로지 국방비 다음으로 두 번째 큰 액수•를 보면 알 수 있다.

　나는 이러한 전략 변화를 환영하지 않는다. '국가 복지주의를 통한 사회주의'(Socialism-through-Welfarism)는, 그것과 싸우기가 어렵다는 바로 그 이유로 인해 '국유화를 통한 사회주의'(Socialism-through-Nationalization)보다 훨씬 더 커다란 위험을 초래한다.

• 우리가 보건·교육·복지부 이외의 복지 지출, 예를 들어 연방 주택제공 프로젝트를 고려한다면 전체 수치는 실질적으로 위에서 언급한 150억 달러보다 더 많다 _원저자

국유화의 해악은 자명하고 즉각적이다. 국가 복지주의의 해악은 숨겨지고 나중으로 미뤄지는 경향이 있다. 사람들은 예를 들어 철강산업의 소유권이 국가로 넘어가는 결과를 이해할 수 있다. 따라서 그들이 그러한 제안에 반대하리라고 기대할 수 있다.

그러나 정부가 '공적 부조' 프로그램에 출연금을 늘리게 된다면, 우리는 기껏해야 지나친 정부 지출에 대해 투덜거리기나 할 뿐이다. 자유에 대한 국가 복지주의의 영향은 나중에나 감지될 것이다. 그것은 그 수혜자가 피해자가 되고 난 다음이며, 정부에 대한 의존이 속박이 되어버린 다음이다. 따라서 너무 늦어서 감옥을 열 수 없게 되는 것이다.

그러나 훨씬 더 중요한 요인은 많은 유권자에 대한 국가 복지주의의 강력한 정서적 호소력이고, 따라서 그것이 평균적 정치인에게 주는 당연한 유혹이다. 우리가 보았듯이 국유의 논거를 만들어내기는 어렵다. 인도주의라는 수사를 가지고도 매우 어렵다. 궁핍한 사람들을 돕기 위해 아주 진지한 간청을 하며 유권자에 접근하기란 얼마나 쉬운가?

반면에 보수주의자가 덜 행복한 시민들의 곤경에 냉담하고, 그것을 업신여기는 것처럼 보이지 않으면서 그러한 요구에 반대하기란 얼마나 어려운가? 아마도 이것이 보수주의적 입증의 실패를 가장 잘 보여주는 것이다.

종종 질문을 들어서 나는 안다. 진보주의자들이 묻는다. 당신은 사회적인 책임에 대해 아무 의식도 없느냐? 당신은 실직해 있는 사람들에 대해 아무 관심도 없느냐? 의료 혜택이 없는 아픈 사람들에 대해서는? 과밀 학교에 다니는 어린이들에 대해서는? 당신은 노인이나 장애인의 문제를 보고도 아무 느낌이 없느냐? 당신은 인간적 복지에 반대하느냐?

이 모든 문제에 대한 대답은 물론 "아니오!" 이다. 그러나 단순한 "아니오!"로는 충분하지 않다.

이러한 문제들에 관심을 갖는 것과 연방 정부가 해결을 위한 적절한 대리인이라고 믿는 것 사이의 차이점을 보수주의자가 제대로 규명하여 전달할 수 없다면, 보수주의는 끝장난 것이라고 나는 확신한다.

국가 복지주의의 장기적인 정치적 결과는 아주 명백하다. 우리가 살펴보았듯이, 시민들을 피보호자나 부양가족으로 취급하는 국가는 자신에게 무제한적인 정치적, 경제적 권력을 모으게 되고, 따라서 어떤 동양적 독재 군주처럼 절대적으로 통치하게 될 것이다.

국가 복지주의, 그 최후의 결말

한편 개별적 시민에 대한 국가 복지주의의 결말을 가늠해 보자.

우선 정부 복지의 제공자들, 그것을 위해 돈을 내는 사람은 물론이고 유권자와, 또한 혜택이 주어질 것이라고 결론을 내리는 선출직 대표자에 대한 국가 복지주의의 영향을 생각해보라. 동료 시민의 요구를 보살피려고 한다고 해서, 어떤 인정이 그들에게 돌아가는가?

그들은 그들의 '자선'에 대해 언젠가 칭찬받고 보상받게 되는가? 나는 그렇지 않다고 생각한다. 내가 공짜 의료를 제공하는 의안에 찬성한다고 가정해보자. 그것은 X의 소득을 빼앗아 그것을 Y에게 주는 나의 결정에 따라붙은 어떠한 도덕적 가치도 의식하지 않는다는 뜻이다.

그러나 X가 그 프로그램에 찬성하여, 그의 동료 시민을 돕는다는 생각으로 복지 지향적인 정치인에게 투표했다고 가정해보자. 분명히 그가 자신의 돈을 내놓게 할 뿐 아니라, 사회적 책임에 대해 다른 생각을 가질 수도 있는 동료 시민들의 돈도 내놓게 하려고 투표했다는 사실에 의해, 그 행위의 건전성은 회석된다. 그런 사람은 그 대신 그가 인간적 복지에 대한 자신의 적정한 몫으로 간주하는 것을, 어떤 민간 자선사업에 기부하면 되지 않는가?

국가 복지주의의 수령자에 대한 결과도 고려해 보자. 한편으로 그는 자신을 연방 정부에 저당 잡히는 것이다. 대부분의 경우, 자신이 비용을 지불하는 혜택의 대가로 그는 정부에 대해 자신의 궁극적인 정치적 권한을 양보한다. 그 권한은 정부가 적당하다고 보는 대로 그에게 생필품을 주거나 빼앗는 권한이다.

그러나 훨씬 더 중요한 것은 그에 대한 영향이다. 그것은 자기 자신의 복지뿐만 아니라, 가족과 이웃의 복지에 대한 책임 의식의 상실이다. 사람은 즉시, 또는 언제까지나 이처럼 자신에게 끼쳐진 해악을 깨닫지 못할 수도 있다. 정말로 이것이 국가 복지주의의 커다란 해악이다.

그것은 개인을 품위 있고 근면하고 자립적인 정신적 존재에서, 본인도 모르게 의존적인 동물로 변모시킨다. 복지 국가 아래에서는 인격에 대한 이러한 손상을 피할 길이 없다. 복지 프로그램은 정부가 개인에게 준 혜택에 대해 빚을 지고, 개인이 당연한 권한으로 그 혜택을 받을 자격이 있다는 생각을 조장할 수밖에 없다.

그러한 프로그램은 정부가 시민의 요구를 보살필 책임이 있다고 주장하는 바로 그런 나라에 받아들여진다. 메시지가 혜택에 찬성표를 던지는 사람들에게는 도달하지만, 그것을 받는 사람들에게는 도달하지 않는 것이 가능한가? 제공자나 수령자가 모두 자선이 수령자의 의무가 아니라 제공자의 인본주의적 충동의 결과라고 이해한다면, 그것은 민간 자선사업과 어떻게 다른가?

자선을 연방 정부의 기계적 운용에 한정함으로써 오히려 인간의 고귀한 충동을 무디게 하지 말

자. 운이 나쁘고 장애가 있는 사람들의 요구를 보살필 수 있는 운 좋은 사람들을 반드시 격려하자. 그러나 우리 시민들의 물질적 복지 못지않게 정신적 복지로도 이어지는 방식으로, 즉 그들의 자유를 보존시키는 방식으로 이것을 하자.

복지가 개인적 관심이도록 하자. 그것이 개인이나 가족에 의해, 또한 교회나 민간병원, 교회 봉사단체, 공동체 자선단체와 더불어 이런 목적으로 설립된 다른 기관들에 의해 촉진되도록 하자. 민간기관들이 충분한 기금을 갖지 못한다는 반론이 제기된다면, 연방 정부가 복지를 위해 책정하지 않은 모든 돈이 민간적 용도를 위해 잠재적으로 이용될 수 있다는 점을 염두에 두자.

더구나 연방 관료제를 통해 돈을 처리하면서 생기는 수수료 비용도 없앨 수 있다. 실제로 정부의 복지 국가주의가 주로 책임을 져야 하는 과중한 세금은, 민간 자선기관의 기금조달에 가장 큰 장애물이다.

마지막으로 우리가 공적인 개입이 필요하다고 생각한다면, 우리의 자유에 반하지 않는 지방 당국이나 주 당국에 의해 그 일이 수행되도록 하자.

그 지지자들이 우리에게 즐겨 말하듯이 복지 국가는 피할 수 없다. 산업화된 경제에, 또는 알렉스 드 토크빌의 '보호자 사회'를 낳고야 마는 정부의 민주적 활동에, 본래부터 내재적(inherent)인 것은 아무것도 없다. 우리의 과거와 마찬가지로, 우리의 미래는 우리가 그것을 어떻게 만드느냐에 달려 있다.

따라서 우리가 우리의 일을 처리하는 사람들에게 이러한 한 가지 진실, 다시 말해 인간의 물질적·정신적 측면은 서로 연관되어 있다는 점, 국가가 다른 사람의 근원적인 본성을 침해하지 않고 어떤 사람을 위한 책임을 떠맡는 것이 불가능하다는 점, 우리가 어떤 사람으로부터 그의 물질적 요구를 보살필 개인적 책임을 빼앗는다면 우리는 그로부터

자유로운 의지와 기회도 빼앗는다는 점 등을 심어
준다면, 우리는 개인적 자유에 대한 집단주의자들
의 기도를 분쇄할 수 있다.

제
9
장

———

교육에 관한 단상

나는 교육이 우리 시대의 가장 큰 문제 중의 하나라는 점에 대해 연방 학교지원을 위한 로비스트들과 의견이 일치한다. 그러나 나는 문제의 본질을 살펴보는 그들의 견해와 나의 견해는 한참 다르다는 점을 걱정한다. 그들은 문제를 양적인 조건으로 — 학교가 충분하지 않다, 교사가 충분하지 않다, 장비가 충분하지 않다 등으로 — 바라보려는 경향이 있다.

나는 그것이 "우리가 보유하고 있는 학교는 얼마나 훌륭한가?"와 같은 질(質)과는 관계가 없다고 생각한다. 그들의 해결책은 더 많은 돈을 지출하는 것이다. 나의 해결책은 기준을 향상시키는 것이다. 그들이 의지하는 것은 연방 정부다. 내가 의지하는 것은 공립학교위원회, 사립학교, 개별 시민이다.

우리는 가급적 떨어질 수 있을 만큼 연방 정부로부터 멀찌감치 떨어져야 한다. 따라서 나는 교육에 관한 이런 두 가지 견해 중 어떤 것이 결국에 승리할지를 안다면, 우리는 서구 문명이 살아남을지 사라질지도 알게 되지 않을까 생각한다.

이것을 약간 달리 말하자면, 나는 우리 앞에 놓여 있는 커다란 위기에 대처하는 우리의 능력이 우리가 잃어버린 학습 요령을 되찾는 정도에 비례해서 향상될 것이고, 우리가 우리 아이들의 심성을 훈련시키는 책임을 연방 관료제에 맡기는 정도에 비례해서 저하될 것이라고 생각한다.

그러나 이러한 차이를 잠시 제쳐 놓고, 문제가 주로 양적 차원이라는 점을 인정할지라도 교육에 대한 연방 지원을 반대하는 네 가지 이유를 살펴보자.

첫 번째 반대 이유는 교육에 대한 연방 개입이 위헌적이라는 것이다. 교육에 대한 책임이 '전통적으로' 지역 공동체에 달려있다고 말하는 것이 오늘날의 유행이다. 그런 표현은 연방 지원이라는 형태로 전통에 대한 예외를 도모하려는 조짐으로 비친다.

그러나 이러한 '전통'도 법이라는 점을 명심하자.

그것은 미합중국 헌법에 의해 인정되고 있다. 교육은 수정헌법 제10조에 의해 각 주에 맡겨진 권한 중의 하나이기 때문이다. 그러므로 어떠한 연방 지원 프로그램도, 아무리 바람직해 보일지라도 헌법이 개정되기 전에는 불법으로 간주되어야 마땅하다.

두 번째 반대 이유는 이른바 연방기금의 필요성이라는 것이 결코 확실하게 입증된 적이 없다는 것이다. 물론, 모든 것이 문제를 제시하는 방식에 좌우된다. 만약 우리가 X라는 주가 추가적인 교육 시설을 필요로 하느냐고 묻는다면, 대답은 '그렇다'일 것이다. 그러나 우리가 X라는 주가 그 자신의 재정적 수단의 범위를 벗어나는 추가적인 교육 시설을 필요로 하느냐고 묻는다면, 대답은 분명히 '아니다'일 것이다.

강력한 정치적 결단의 사례

우리 대부분이 기억하듯이, 1955년에 백악관 교육회의(White House Conference on Education)는 연방 지원에 대한 대중적 지지를 입증하기 위해 마련된 아주 정교한 시도였다. 예상된 대로 회의의 '합의'는 좀 더 많은 연방 지원이 요구된다는 것이었다. 그러나 회의는 언론에 의해 거의 알려지지 않은 또 다른 결론에 도달했다. 회의 보고서는 다음과 같이 말하고 있다.

"사례로 검토된 어떠한 주도 향후 5년 동안 그들이 필요로 하는 학교를 만드는데 명백한 재정적 결함을 가지고 있지 않다."

보고서는 이어졌다. 부족한 것은 돈이 아니라 '온갖 장애를 극복해 낼 만한 강력한 정치적 결단'이라는 것이다.

이어진 5년 내내, 의회 위원회는 연방 지원에 호

의적인 증언을 오랜 시간에 걸쳐 청취했다. 그러나 1955년의 조사 결과가 성공적으로 반박되었다는 이야기는 결코 들어본 적이 없다.

백악관 회의 참석자들이 1955년에 말했던 것이나, 교육에 대한 연방 지원의 지지자들이 그 이후 계속 말하는 것은 다음과 같다. 곧 소수의 주가 그들의 교육 요구를 떠맡기에 적합하게 보이지 않으므로, 그 처진 부분을 끌어올리는 것이 연방 정부에 주어진 책무라는 것이다.

X라는 주가 아이들을 적당하게 교육시킬 부를 가지고 있으나 그 부를 그런 목적에 활용하지 못한다면, 지역 정부나 주 정부를 통해 치유 조치를 취하는 것은 X라는 주의 주민들에게 달려있다는 것이 나의 견해이다. 연방 정부는 거기에 개입할 권리도 없고 의무도 없다.

더구나 그 문제를 적절한 관점에 놓고 보자. 전국적인 교육제도는 곤란에 처해 있지 않다. 상원이 올해 증가된 연방 지원에 대해 논의한 직후에, 나는 보건교육복지부 장관인 아서 프레밍(Arthur Flemming)에게 물었다.

"얼마나 많은 전국의 학구(學區)가 실제적인 어려움에 빠져 있는가? 즉, 얼마나 많은 학구가 공채 보증 한도에 도달했는가?"

그의 답변은 약 230개였다. 미국에는 대략 4만2천 개의 학구가 있다. 이처럼 연방 지원의 지지자들은 전국 학구의 불과 0.5%에 해당하는 문제에 대해 떠들고 있는 것이다! 이러한 지역들에 대해 책임 있는 주 정부가 어떠한 재정 결함이 있을지라도 그것을 감당할 수 없다고는 믿어지지 않는다.

똑같은 재정 결함 수치, 즉 불과 0.5%가 내가 살고 있는 애리조나주에 적용된다. 그러나 애리조나 주민들이 스스로 격차를 잘 줄일 수 있다는 이유로, 애리조나주는 1958년 국방교육법(National Defence Education Act)에 입각한 연방 지원을 자랑스럽게 거부했다.

수요를 앞질러 나간 교육 지출

우리가 자꾸 필요에 대해 말하지만, 이런 사실은 미국인들이 학교를 지원함에 있어 인색했다는 생각을 불식시키는 기회일 수 있다. 제2차 세계대전 종전 이후에, 미국인들은 거의 190억 달러를 들여 55만 개의 교실을 지었다. 이것은 지역 차원에서 설립된 거의 모든 것이다.

학교 수가 늘어나고 학생 수가 오직 1천만 명이던 시절 동안, 이러한 새로운 건설은 1천500만 명 이상의 학생을 위한 공간을 제공했다. 그러므로 늘어난 교육 지출이 늘어난 교육 수요보다 훨씬 앞서 나갔던 것이다.

여기에 약간의 수치가 있다. 1949~50 교육년도

에, 미합중국의 다양한 교육기관에 등록된 학생 수는 2천500만 명이었다. 1959~60 교육년도에는 3천470만 명으로 38%나 증가했다.

같은 기간 동안, 대개 지역 차원에서 모아진 교육용 세입은 54억 달러에서 121억 달러로 124%나 증가했다. 교육 지출이 학교 수보다 3배반이나 더 빨리 증가하는 상황에서, 나는 교육에 대한 미국의 '전통적' 접근 방식의 타당성이 심각한 문제에 노출되어 있다고는 생각하지 않는다.

연방 지원에 대한 세 번째 반대 이유는 그것이 연방 교육자금이 '공짜' 돈이라는 생각을 조장하여, 사람들이 왜곡된 형태로 교육비용을 인식하게 한다는 것이다. 나는 다음과 같은 사실을 알고 걱정을 했다.

최근 피닉스에서 면담 조사를 받은 고등학생이나 단기 대학생 6명 중의 5명은 연방 지원에 찬성한다고 답변했는데, 연방 지원이 지방학교를 위해 더 많이 지출되어 애리조나 납세자들에 대한 재정 부담을 완화시켜 주기 때문이라는 것이다.

물론 진실은, 연방 정부가 다양한 주에 사는 납세자들로부터 뽑아내는 재원 말고는 아무런 재원도 갖지 못한다는 점이다. 연방 정부가 X라는 주에 교육을 위해 교부하는 돈은 연방세로, X라는 주의 시민들로부터 거둬들여져 워싱턴의 중개 수수료를 제하고 그들에게 되돌아오는 것이다. 분명히 덜 부유한 주는 그들이 주는 것보다 약간 더 받고, 더 부유한 주는 다소 적게 받는다.

그러나 그 차이는 무시될 만하다. 대부분의 경우, 연방 지원은 단순히 지방정부의 징세 기능 대신 연방 정부의 징세 기능을 사용할 뿐이다. 이러한 사실은 아무리 자주 강조해도 부족하다.

연방 돈이 공짜 돈이라는 생각이 타파되어 교육에 대한 연방 지원이 적나라한 강요 행위, 즉 각 주의 주민들이 이런 목적을 위해 자발적으로 지출하기로 하는 것보다 더 많은 돈을 지출하도록 강요하는 연방 정부의 결정 때문이라는 것이 드러날 것이다.

네 번째 반대 이유는, 교육에 대한 연방 지원이 불가피하게 교육의 연방 통제를 의미하는 것이다. 여러 해 동안, 연방 지원의 옹호자들은 지원이 통제를 내포한다는 점을 부인했다. 그러나 1958년의 국방교육법에 비추어 보면 그들은 그들의 입장을 썩 잘 유지할 수 없다.

그 법에 입각한 연방 지원은 각 주나 지방 교육기관이 보건교육복지부에 의해 정해진 기준과 세목에 따른다는 조건이 전제되어 있다. 그 법에는 이러한 종류의 직접적 통제가 12가지나 있다. 더구나 그 법의 알려진 목적은 지방 교육기관이 자연과학이나 국방에 직접적으로 관련된 다른 과목들에 좀 더 많은 주안점을 두도록 설득하는 것이다.

나도 자연과학에서 좀 더 나은 숙련을 촉진하는 것이 바람직하다는 점을 의심하지 않는다. 그러나 연방 정부가 재원의 철회나 제공을 통해 촉진 역할을 할 때, 연방 정부가 교육의 내용을 결정하는 것을 거들고 있다는 점이 어떻게 부정될 수 있을지 나는 알지 못한다. 내용에 영향을 미치는 것은 통제의 첫 단계가 아니라, 마지막 단계이다.

지원이 통제로 이어진다는 점에 대해 아무도 놀라지 않을 것이다. 그것은 그렇지 않을 수 없고, 그렇지 않으면 안 된다. 의회가 주민 돈의 지출을 승인하면서도 그것이 어떻게 지출될지 아무런 준비를 안 한다고는 기대할 수 없다.

의회가 납세자의 돈을 용도와 관계없이 무계획하게 분배했다면, 의회는 납세자에 대한 책임을 회피하게 되는 것이다. 의회가 공산주의자 학교를 보조하도록 연방 재원의 사용을 승인하여 우리 적의 명분을 장려해야 하는가? 물론 그렇지 않다. 그러나 그러한 사용 방법의 금지는 분명히 연방 통제권의 행사다.

의회는 언제나 주민의 돈이 지출되는 조건을 제정하도록 압박을 느낄 것이다. 어떤 통제는 현명하다. 그러나 우리는, 현명하지 못한 의원을 막는다는 보증을 받지 못하는 것처럼, 현명하지 못한 통제를 막는다는 보증도 받지 못한다. 잘못은 통제가 아니라, 통제를 필요로 하는 돈의 지출을 승인하는 것이다.

'평등한 교육'의 맹점

연방 지원의 해악과 위험성에 대해서는 이쯤 해두자. 우리의 많은 아이들이 불충분하게 교육받고 있다는 점, 또는 그 문제가 전국에 걸쳐 있다는 점에 대해 내가 반대한 적이 없다는 사실에 주목하라. 그것이 전국적 차원에서 하나의 해결책을 필요로 하는 그런 종류의 문제라는 점에 대해 내가 반대했던 것이다.

문제가 양적 차원이라면, 즉 우리가 너무 적은 교실을 갖고 얼마간의 교사들에게 너무 적은 돈을 주고 있다면, 그 부족분이 해당 지역에 의해 감당될 수 있다. 그러나 문제는 그 이상이다.

문제가 질적 차원이라면, 내 생각은 주로 그렇지만, 그것은 명백히 지역 차원에서 고치려고 자체적으로 정성을 쏟을 문제이다. 공동체가 스스로 학교 제도의 성과를 검증하고 평가할 기회를 가진 바로 그 지역이야말로, 교육제도의 내용상 결함을 가장 잘 이해할 수 있을 것이다.

대체적으로 미국 교육의 결점은, 존 듀이(John Dewey)와 그 제자들에 의해 설파된 교육 철학을 실천에 옮긴 것이다. 다양한 수준에서 우리는 '진보 교육'(progressive education)이라고 불리는 것을 채택했다.

모든 아이들이 동일한 교육을 받아야 한다는 평

등 개념을 지지한 나머지, 우리는 재능을 짜내고 아주 우수한 학생들의 야망을 자극하고, 그래서 우리가 미래에 필요로 하는 바로 그런 지도자들을 배출하는 교육제도를 준비하는 데 소홀하고 말았다.

우리의 아이들이 환경에 '적응'하도록 배우는 것을 확실히 하고 싶어 한 나머지, 우리는 그들에게 환경을 '극복'할 수 있는 지식을 습득할 충분한 기회를 주지 못했다. 교육을 '재미'로 만들려고 한 나머지, 우리는 건전한 심성을 개발하고 건전한 인격으로 이어지는 인문 교양적 훈련을 소홀히 했다.

교수법에 대한 존 듀이 추종자들의 공격에 대응하여, 우리는 교육 담당자들이 '무엇'을 가르쳐야 하는가보다 학생을 '어떻게' 가르쳐야 하는가에 좀 더 관심을 갖도록 장려했다. 이것이 무엇보다 가장 중요한 것인데, 세상을 '개선'시키고 '진보'를 보장하려고 배려한 나머지, 우리는 학교가 전문 교육자의 선호에 따라 사회적, 경제적 변동을 위한 실험실이 되도록 허용했다.

우리는 교육의 바람직한 기능이 한 세대에서 다음 세대로 문화적 유산을 전달하고 오래된 학문을 흡수하여, 그것을 자신의 시대 문제에 적용할 수 있도록 하기 위해 새로운 세대의 심성을 훈련시키는 것이라는 점을 망각했다.

이러한 가치 왜곡에 대한 근본적인 설명은, 우리가 교육의 그러한 목표를 망각했다는 것이다. 더 적절히 지적하자면, 교육이 누구를 위하여 도모되어야 할지를 망각했다는 것이다. 학교의 기능은 사회를 교육시키거나 향상시키는 것이 아니라, 오히려 개인을 교육시키고 그에게 사회의 요구를 떠맡을 수 있을 지식을 갖춰 주는 것이다.

우리는 진보를 이끌고 고무시킬 수 있는 지도자들을 배출하는 바로 그만큼 사회가 진보한다는 점을 망각했다. 그래서 우리의 교육 기준이 평범성(mediocrity) 대신 우수성(excellence)으로 바뀌지 않으면, 우리는 그러한 지도자들을 길러낼 수가 없다.

우리는 개인적 재능을 충분히 발휘하도록 해야 하고, 우리의 학교가 인문 교양적 훈련을 강화하도록, 다시 말해 영어와 수학, 역사, 문학, 외국어, 자연과학을 크게 강조하도록 장려해야 한다. 우리는 학교를 아이의 '전(全)인격'을 훈련시키는 곳이 아니라, 그의 '심성'을 훈련시키는 곳으로 바라보아야 한다(전인격을 훈련시키는 것은 아마도 가족이나 교회에 속하는 책임이다).

우리나라의 과거 진보는 평범한 대중이 당시의 문제들에 대해 그들의 평균적인 지능을 활용한 결과가 아니라, 모든 주민의 자유와 물질적 행복을 진전시키기 위해 그들의 지혜를 활용한 현명한 개인들의 총명함과 헌신의 결과였다.

그러니 우리가 미국에서 교육을 개선하려면, 그리하여 자유의 자산을 키우려면, 우리는 돈을 요구하기 위해 연방 금고로 달려가지 말아야 할 것이

다. 우리는 지역사회에 대해 관심을 기울이고, 사
립이든 공립이든 우리의 학교들이 국가가 그것들
에 대해 당연히 기대하는 책무를 수행한다는 점을
명심해야 할 것이다.

제
10
장

———

소련의 위협

정말로 무서운 진실이 아직 남아 있다. 우리는 내가 제시한 노선을 따라 자유를 극대화할 국내적 여건을 만들더라도 노예가 될 수 있다. 우리는 소련에게 냉전에서 패배함으로써 그렇게 될 수 있다.

미국인의 자유는 언제나 우리의 해안 너머에서 일어나는 일에 어느 정도 좌우되었다. 심지어 벤 프랭클린(Ben Franklin)의 시대에도, 미국인은 외세의 위협을 고려해야 했다. 우리의 선조들은 '공화국을 지키는 일'이 무엇보다 그것을 외세 침략자로부터 안전하게 지키는 것이라고 깨달았다.

그들은 평화나 독립이 없다면 자유롭게 살며 일할 수 없고, 자유와 연결되는 국가 제도를 발전시킬 수 없다는 사실을 깨달았다. 그런 이른 시기에 이미 평화와 독립에 대한 위협이 아주 현실적이었다. 우리는 풋내기 나라였고, 아주 대수롭지 않은 실수나 소심함이 약탈적인 유럽 강대국들의 노략질에 우리를 속수무책으로 내맡기게 되었을 것이다.

우리가 국가적 요람기의 위기에서 살아남은 것은 바로 지혜롭고 용감한 사람들이 자유의 수호가 자유에 대한 신뢰뿐만 아니라, 위험과 희생도 필요로 한다는 점을 잘 이해했기 때문이다.

우리가 점점 강대해짐에 따라, 또한 대양이 계속해서 우리 자신과 유럽의 군국주의 사이에 물리적인 장벽으로 작용함에 따라, 외세의 위협은 점점 줄어들었다.

우리는 있을지 모를 정복자에 대해 부단히 주의를 기울여야 했다. 하지만 우리의 독립은 승인되었고, 우리가 달리 선택하지 않는 한 평화도 수립되었다. 실제로 제2차 세계대전 이후, 우리는 단순히 우리 자신의 운명의 주인이 아니었다. 우리는 세계의 주인이었다.

원자폭탄을 독점하고 세계의 어떤 나라보다 우세한 재래식 군사체제를 갖추었다. 이로써 미국은, 상대적으로나 절대적으로나 세계가 인정한 가장 강력한 국가였다. 미국인의 자유는 우리 역사의 어떠한 시점에서나 안전했다.

그러나 15년이 흐른 요즈음*, 우리는 한 바퀴를 돌아 제자리에 왔다. 우리의 국가적 존재는 공화국 초기 당시에 그랬던 것처럼, 다시 한번 위협받고 있다. 우리는 여전히 물리적으로 강하지만, 우리는 외세에 의해 압도당하고 있는 분명하고 절박한 위협 속에 있다.

우리는 지구 구석구석을 지배하려는 의지뿐만 아니라, 점점 더 그렇게 할 수 있는 능력을 가지고 있는 세계 혁명운동에 직면해 있다. 우리와 필적하는 군사력, 우리보다 우세한 정치적 투쟁 및 선전 기술, 우리 방어 요새의 심장부에서 음모적으로 활동

• 전후 15년이 흐른 당시, 미국의 핵무기 독점은 붕괴되고 인공위성은 오히려 소련이 먼저 쏘아 올리는 등, 미국이 소련에게 추격, 추월당하는 것이 아닌가 하는 위기감이 고조되었음 _옮긴이

하는 국제적 제5열(fifth column)●● 신봉자들과 이
들에게 역사적 사명감을 주입시키는 이데올로기 등
이 모든 수단들이 바로 혁명적 진로에서 조금도 벗
어나지 않는 무자비한 전제 정부에 의해 조정되고
있다. 더구나 이러한 위협은 날로 증대된다. 그래
서 오늘날 정치적이든 아니든 모든 미국 지도자들
이 국가적 생존의 대가(代價)로서 소련을 '달래거
나 환대할' 수단을 필사적으로 찾고 있다.

　미국인들은 자유가 아무리 가치 있을지라도, 생
존하는 것이 더한층 중요하다는 말을 듣는다. 죽음
에 대한 비겁한 두려움은 미국인의 의식을 파고들
고 있다. 그래서 최근에 많은 사람들이 바로 그 최

●● 제5열(the fifth column) : 1936년의 스페인 내란 당시, 4개
　부대를 이끌고 마드리드 공략 작전을 지휘한 파시스트 혁명
　군의 에밀리오 몰라 장군이 "마드리드는 내통자로 구성된 제
　5부대(또는 제5열)에 의해 점령될 것" 이라고 말한 데서 유
　래. 그 이후로, 제5열은 적의 내부에 잠입해 공작을 하는 집
　단이나 요원을 가리킴 _옮긴이

고 전제 군주를 예우하는 것이 핵 파괴를 피하기 위해 우리가 지불해야 하는 대가라고 생각할 정도가 되었다.

자유와 정의를 담보한 것만이 '평화'다

미국 운명의 쇠락을 소련의 핵무기 획득 탓으로 돌리고 싶은 유혹이 강하다. 그러나 이것은 자기기만이다. 공산주의자가 첫 번째 원자탄을 폭발시키기 오래전에 이미 우리의 쇠락은 시작되었고, 우리의 지위는 허물어지고 있었다. 심지어 미국이 아직 의심할 바 없는 핵 우위를 점하던 1950년대 초반에도, 우리가 냉전 시대 패권을 상대에게 넘겨주고 있다는 점이 분명했다. 1952년의 캠페인 연설에서 나는 되풀이하여 내 동료 애리조나 주민들에게 경고했다.

"미국 외교정책은 논란의 여지가 없는 강대국의 지위에서 불과 7년 만에 우리를 일어나기 힘든 재앙의 끝으로 데려왔다."

그리고 그다음 7년 동안 그러한 추세는 지속되었다. 그 원인이 그대로 남아있었기 때문이다.

악화의 실질적 원인은 단순히 말할 수 없다. 우리의 적들은 싸움의 성격을 이해했지만 우리는 그렇지 못했다. 그들은 이 싸움을 이기도록 되어 있고, 우리는 그렇지 못하다.

나는 명백한 것을 다시 이야기하고 싶지 않다. 그렇게 많은 사람들에 의해 이전에 그렇게 여러 번 이야기되어 온 것을 다시 이야기하고 싶지 않다. 그것은 바로 공산주의자의 목표는 세계를 정복하는 것이라는 사실이다.

나는 그것을 되풀이했다. 그것이 동서 진영 간의 싸움에 관한 우리 지식의 시작이자 끝이기 때문이다. 나는 그것을 되풀이했다. 우리가 자주 우리 시대의 이처럼 중요한 정치적 사실에 대해 립 서비스를 제공할지라도, 우리 중의 아주 소수만이 그것을 신뢰하는 것이 나는 두려웠기 때문이다.

만약 우리가 그리했다면 지난 14년에 걸쳐 외교정책에 대한 우리의 전반적인 접근방식이 근본적으로 달랐을 것이고, 세계 대사건들의 진로도 근본적으로 바뀌었을 것이다.

어떤 적이 당신을 정복하기로 작정하고 모든 자원을 그러한 목표로 돌려놓으려고 한다면, 그는 이미 당신과 전쟁 중이다. 이때 당신이 항복할 마음이 없다면, 당신도 이미 그와 전쟁 중이다. 더구나 당신이 반역할 마음이 없다면, 당신의 목적은 상대와 마찬가지로 승리뿐이다. '평화'가 아니라, 승리다.

반역자(또는 아마도 겁쟁이)가 때때로 정부 내의 핵심적 지위를 차지하고 있었더라도, 지난 14년에 걸쳐 우리의 국가적 리더십이 결코 항복이나 반역을 지지하지 않았다는 점은 분명하다. 그러나 우리

지도자들이 승리를 미국 정책의 목표로 삼지 않았다는 점 또한 분명하다. 그들이 그렇게 하지 않았던 이유는, 공산주의자들이 아주 열성적이라는 점을 그들이 철저히 믿지 않았다는 것이라고 나는 지적하고자 한다.

우리가 천명한 국가적 목표는 '평화'다. 공산주의자들이 전쟁을 수행하는 동안, 우리는 아주 성실하게 평화를 '수행'했다. 공산주의자들이 전쟁을 추구하는 동안, 우리는 '해결'을 추구했다. 우리는 세계를 평화롭게 하려고 했다. 공산주의자들은 세계를 차지하려고 했다.

바로 여기에 시합이 불공정했던 이유가 있고, 우리가 필연적으로 패배한 이유가 있다.

평화는 틀림없이 미국 정책의 타당한 목표다. 다만, 평화는 우리가 추구하는 모든 것이 아니라는 점이 이해된다는 전제에서만 그렇다. 우리는 굴복의 평화를 원하지 않기 때문이다. 우리는 자유와 정의가 확산되는 평화를 원한다. 공산주의의 성격을 생각하면, 그 평화는 소련이 우리와 나머지 세계를 위협할 위치에 더 이상 존재하지 않을 평화이다.

우리의 과업은 냉전을 이겨내는 것이다

다른 말로 하자면, 괜찮은 평화는 틀림없이 공산주의에 대한 승리를 뒤따라올 것이다. 우리는 14년 동안 그런 달갑지 않은 사실을 묵살해왔다. 그것은 묵살될 수 없고, 그것을 무시하는 어떠한 외교정책도 한 국가로서 우리를 소멸로 이르게 할 것이다.

물론 우리는 군사력에 의한 승리의 달성을 원하지 않는다. 할 수만 있다면 공공연한 적대감은 항상 피해야 한다. 더구나 무력 전쟁이 우리 자신을 포함해 수많은 사람을 죽일지 모를 때는 특히 그렇다.

그러나 우리는 그런 이유 때문에 무력 전쟁의 회피를 우리의 최고 목표로 삼을 수 없다. 만약 우리가 그렇게 한다면, 만약 우리가 우리의 자유를 지키는 것보다 무력 사용을 피하는 것이 더 중요하다고 우리 자신에게 말한다면, 우리는 오직 하나뿐인 종착점이라 할 '굴복'이 있는 길로 말려든다.

　　우리가 어떤 선언을 해서 전쟁을 '상상조차 안 되는 것'으로 만들 수는 없다. 그것이 공산주의자들에게는 상상조차 안 되는 것이 아니기 때문이다. 당연히 그들도 전쟁을 피하기를 더 좋아할 것이다. 그러나 그들은 그들의 목적을 달성하기 위해 결국에는 전쟁을 감행할 준비가 되어 있다.

　　우리는 마음속으로 우리의 목적과 똑같이 헌신해야 마땅하다. 전쟁이 우리에게는 상상조차 안 되는 것인데 그들에게는 그렇지 않다면, 그 유명한 '공포의 균형'은 전혀 균형이 아니라 공갈 협박의 도구일 뿐이다.

미합중국과 소련의 힘은 균형 속에 있을 것이다. 그러나 그들이 아니라 바로 우리가 그러한 힘을 사용할 가능성을 배제시킨다면, 크렘린은 연이어 위기를 조성할 수 있다. 또 미국이 더욱 커다란 전쟁 공포 때문에 패배를 인정하도록 강요할 수 있다. 그러면 머지않아 세계적인 공산주의 제국이 지구에 턱 하니 걸터앉게 될 것이다.

어떤 유화 정책단체의 표어가 최근 미국정치에 대한 어느 소설에 묘사되었다. 그것은 "나는 원자탄 아래에서 죽느니 차라리 모스크바에 무릎을 꿇겠다." 였다. 말할 나위도 없이 이런 감상은, 인간 속에 용기 있고 명예롭고 품위 있는 모든 것을 부인한다. 미국의 자유를 구하기 위한 첫걸음으로서 우리는 정반대의 관점을 주장하고, 그것을 우리 외교정책의 초석으로 삼아야 한다.

자유를 잃느니 차라리 죽겠다! 내가 나중에 제안할 방법들이 있는데, 확실히 쉬운 것들이 아니다.

그 속에서 우리는 우리의 자유와 목숨을 구할 수 있다. 그러나 우리가 먼저 우리의 목적이 무엇인지 이해하지 못한다면, 그러한 모든 제안들이 무의미하고 헛될 따름이다.

우리는 살아남기를 바란다. 그러나 그것보다 더 우리는 자유롭기를 바란다. 우리가 평화를 갖기 바란다. 그러나 그것보다 앞서서 평화를 지켜내게 만들 여건을 조성하기 바란다. 유진 라이언스(Eugene Lyons)가 이렇게 썼다.

"좋든 싫든, 우리 시대의 위대하고 피할 수 없는 과업은 냉전을 끝내는 것이 아니라, 그것을 이겨내는 것이다."

나는 우리가 현재 미국의 외교정책을 바라보며 그것이 승리를 가져올 수 있는지 물어보기를 제안한다. 이러한 정책의 몇 가지 양상이 있다. "그것이 적을 무찌르는 데 도움이 되는가?"라는 검증에 의해 그것들을 하나하나 검토해보자.

NATO(북대서양조약기구), SEATO(동남아시아조약기구), 그리고 중부아시아(mid-Asia)의 CTO(중앙조약기구)를 통해 우리는 세계 어떤 지역이든 공공연한 공산주의의 공격이 미군에 의해 저지될 것이라는 점을 크렘린이 깨닫도록 했다. 이러한 동맹의 존재가 공산주의자들에 의한 군사적 모험주의를 단념시키는데 도움이 됐을 가능성이 있다.

그러나 우리는 동맹의 가치를 과대평가하지 말아야 한다. 그것이 미국의 자유를 수호함에 있어 중요한 역할을 하지만, 그것이 왜 제한적인 역할이냐에 대한 수많은 이유가 있다.

첫 번째로, 동맹 체제는 적의 세력 확장을 막기 위해 지켜져야 할 모든 경계선을 동시에 수호할 수 없다. 동맹이 미치지 않는 비(非)공산 세계의 광대한 지역들이 있다. 설사 미국이 세계적인 규모의 방어선을 지킬 만큼 충분히 강하더라도, 이러한 지역들을 동맹 체제로 가져올 가능성은 전혀 없다.

중동, 아프리카, 남아시아의 이른바 중립국가들은 이미 반공 명분과 제휴하기를 거부했다. 우리가 예상할 수 있듯이, 바로 이런 지역에서 공산주의자들이 괄목할만한 발전을 이룩하고 있다. 이것은 아주 중대한 취약점이다.

이러한 모든 지역이 공산주의자의 지배에 들어간다면, 동맹은 어디서나 포위되고 말 것이다. 동맹 체제는 완전히 적대적인 세계 속에서 일련의 전초부대, 아마도 적대적인 세계에 대해 방어불능의 전초부대로 전락하고 말 것이다.

두 번째로, 동맹 체제는 아주 일반화된 방식의 공산주의자들의 공격, 곧 정치적 침투와 내부 전복에 맞서 심지어 그 회원국들조차 지키지 못한다. 이라크가 적절한 사례다.

우리는 공공연한 소련의 침략에 맞서 이라크 사람들을 지원하겠다고 굳게 약속했다. 그것은 이라크의 초석인 바그다드협정뿐만 아니라, 아이젠하워 독트린에 입각한 것이다. 이라크는 결국 미국이나 소련의 포탄이 한 발도 발사되지 않은 채, 친(親)공산주의 쿠데타의 제물이 되었다.

쿠바는 또 다른 사례다. 적군(赤軍)이 아바나에 상륙했다면 우리는 쿠바를 도우러 갔을 것이다. 그러나 카스트로의 군대는 토착 쿠바인이다. 결과적으로, 친 공산주의 정권이 내부 전복의 방식을 통해 바로 우리 문간에 참호를 파고 들어오게 되었다.

군사적 전쟁보다 오히려 정치적 전쟁에 더 많은 주안점을 두는 적이 있으면, 항상 그러할 것이다. 우리가 적을 적 자신의 땅에서 맞부딪히는 것을 터득할 때까지 그럴 것이다.

그러나 세 번째로, 동맹 체제는 공공연한 침략에 대해서조차도 그 회원국들을 지킬 수 없다. 과거에 공산주의자들은 미국의 전략 공군에 의해 억지되었다. 실제로 동맹국들의 재래식 군사력의 취약성에 비추어, 우리의 핵 우위는 동맹의 유일한 실질적 무기였다.

그러나 소련이 핵 능력에서 우리와 나란히 서게 됨에 따라, 그러한 취약성은 우리의 실패 원인을 밝혀줄 수 있었다. 어느 쪽도 국지적 이슈에 대해 '전력을 다해' 나아갈 준비를 하지 못하는 핵의 막다른 골목에서는, 우세한 재래식 전력을 가진 쪽이 분명한 우위를 점한다.

더구나 우리가 공산주의 세계와 1:1로 대항하기를 원할 리도 없고, 또한 지구 표면에 흩어져 있는 30개국을 방어하기 위해 필요한 총과 탱크를 마련할 수도 없다는 점은 분명하다. 우리가 나중에 알아보겠지만, 오랫동안 기다려온 대답이 제한적 전쟁을 위한 핵 능력의 개발에서 찾아질 수 있다.

마지막으로, 나는 이것이 무엇보다 가장 심각한 결함이라고 생각한다. 곧 동맹 체제가 성격이나 관점에서 완전히 방어적이라는 것이다. 이러한 사실은 공산주의의 역동적이고 공격적인 전략에 비추어 보아, 결국 그 체제를 실패로 이끌고 있다.

오로지 방어적인 전략만 채택하여 전쟁하는 나라는 결코 오래 살아남을 수 없다. 펀치를 던지기 거부하는 복싱 선수와 마찬가지로, 방어에 묶인 국가는 조만간 타도될 것이다. 적과 마주칠 때마다 적의 주도로 적이 선택한 장소에서 적이 선택한 무기를 가지고 싸우는 한, 우리는 계속해서 냉전에서 패배하게 될 것이다.

공산주의 독트린에 맞서는 공동의 목표

우리 정책의 또 다른 양상은 대외 원조 프로그램이다. 지난 14년 동안 우리는 원조금, 차관, 현물, 기술지원의 형태로 미국 재정 가운데 800억 달러를 거기에 쏟아부었다. 나는 모든 의식 있는 미국인들이 이런 엄청난 지출에 대해 어떻게 생각하는지를 여기서 자세히 설명하지 않을 것이다.

그것은 미국 납세자뿐만 아니라 미국 경제에도 끔찍한 결과를 가져 왔다. 그것은 해외에서나 그것을 관리하는 기관에서나, 낭비와 사치로 간주되었다. 그것은 비합리적일지라도, 외국의 얼마 안 되는 시혜에 대한 의존에 분노하는 콧대 높은 사람들 사이에 반미주의라는 거대한 저수지를 만들었다. 나는 차라리 이렇게 묻고 싶다.

"대외 원조 프로그램은 냉전 승리를 위해 그 모든 문제점을 상쇄시키는 기여를 했는가?"

나에게 한 마디 덧붙여 보라면, 이러한 검증이야말로 대외 원조 프로그램이 정당화될 수 있는 유일한 방법이다. 말하자면, 그것은 자선사업으로 옹호될 수 없다. 미국 정부는 외국 사람들의 경제적, 사회적 복지를 증진시키고자 할 권리도 없고, 더군다나 그럴 책임도 없다.

물론 우리 모두는 어디에 존재하든 가난이나 질병과 싸우는 것에 관심을 가지고 있다. 그러나 아무리 가치 있는 일일지라도 헌법은 우리 정부에게 외국에서 그런 일을 수행할 권한을 주지 않는다. 그러므로 미국의 국익을 증진시키는 것으로 확인될 수 있는 경우를 제외하고는, 외국 원조 프로그램은 위헌적이다.

미국 원조가 서유럽이 제2차 세계대전 이후 공산주의가 되는 것을 막는 데 기여했다는 점을 주장하는 이들이 있다. 그러나 입증되지는 않았다. 예를 들어 프랑스나 이탈리아의 공산당이, 경제회복 이전보다 그 이후에 어느 정도 더 약화된 점은 사실이다.

그러나 경제회복이 당연히 공산주의의 힘의 축소를 가져왔다거나, 또는 미국 원조가 당연히 경제회복을 가져왔다고는 할 수 없다. 이 점을 주목해야 하는데, 서독이 프랑스나 이탈리아보다 더 빠른

속도로 경제적으로 회복되었지만, 오히려 미국 원조를 비교적 조금 밖에 받지 않은 것이 사실이라는 점이다.

미국 군사 원조가 공산주의의 공격을 물리치거나 단념시키는 힘을 가진 우방국과, 그러한 힘을 갖지 못한 우방국 사이의 차이를 만들었다는 주장도 있을 수 있다. 그러나 여기서 우리는 그들 자신의 군사력을 건설할 수 없었던 우방국과, 할 수 있었던 우방국을 구분해보아야 한다.

그리스, 터키, 자유중국(대만), 한국, 남베트남은 우리의 도움을 필요로 했다. 다른 나라들, 예를 들어 영국, 프랑스는 그들 자신의 자원으로 군사력을 유지할 수 있었다. 여러 해 동안 서유럽의 우리 동맹국들은 군사력에 우리보다 국가 예산의 좀 더 적은 부분을 지출했다.

결과는 미국 국민들이 군사 원조라는 이름으로 이러한 국가들에게 경제 부조금을 주었던 것이다.

우리는 그 국가들이 공정하게 말하자면, 공동 방위 활동에 사용되어야 할 자금을 국내경제로 전용하도록 허용했던 것이다.

이제 하나의 중요한 사실에 주목하자. 우리가 지금까지 언급한 상황들, 즉 대외 원조가 미국의 이익을 증진시켰다는 어떤 증거가 있는 상황들의 각각에는 공통분모가 있다. 그것은 모든 경우에 있어서 피원조국 정부가 이미 우리 쪽에 섰다는 점이다.

논란은 있을지언정, 우리는 이런 국가들을 여러모로 보아서 더욱 강하고 더욱 항구적인 동맹으로 만들 수 있었을지 모른다. 그러나 우리는 그 국가들이 그들의 근본적인 정치적 입장을 바꾸게 하지는 못했다. 이것이 우리 대외 원조 프로그램의 남은 문제로, 그리하여 거기에 개재되어 있는 커다란 오류로 우리를 데려간다.

점차적으로 우리의 대외 원조는 우방들에게 가지 않고, 공공연히 중립국가라고 자처하는 나라들에게 간다. 심지어 공공연히 적이라고 자처하는 나라들에게도 간다. 우리는 우리가 외국 국민들의 충성을 살 수 있다거나, 또는 그들을 경제적으로 번영하게 해줘서 적어도 그들이 '공산주의자가 되는 것'을 단념시킬 수 있다는 논리에 입각해 이러한 원조를 제공한다.

이것은 '공산주의에 대한 밥통 이론'(stomach theory of Communism)이라고 불렸다. 그것의 의미는 인간의 정치 활동이 그의 뱃속의 음식량에 의해 결정된다는 것이다.

경험으로부터, 또한 인간 본성의 관찰로부터 우리가 터득한 모든 것은 이러한 논리를 반박한다. 인간의 정치 활동은 주로 그의 생각의 산물이다. 물질적 부는 그가 그의 정치적 목표를 발전시키는 것을 도울 수 있지만, 그 목표를 바꾸지는 않을 것이다.

알프레드 K. 스턴(Alfred K. Stern)과 마샤 D. 스턴(Martha D. Stern)이 공산주의자라는 사실이, 커

다란 부나 훌륭한 교육이 사람들을 공산주의자가 되게 만든다는 점을 입증하지 못한다. 마찬가지로 얼마간의 가난하고 문맹인 사람들이 공산주의자로 된 사실 역시, 빈곤이 그들을 그렇게 하도록 했다는 점을 입증하지 못한다.

공산주의는 정치적 운동이라는 점, 그것의 무기는 주로 정치적이라는 점을 잊지 말자. 운동의 효과는 정치 활동가 가운데 소수 간부에 의존하며, 이러한 간부들은 전형적으로 학식 있고 의식(衣食)이 족한 사람들이다. 그런 활동이 인본주의적 관점에서는 가치 있을지언정, 우리는 '빈곤과의 전쟁'을 통해 그러한 정치 활동가들의 생각을 바꾸거나 대중 선동을 막지 못할 것이다.

이처럼 반공적이지 않은 정부들에게 돈을 주어 반공주의를 장려하려는 시도는 무의미하다. 그 정부들은 실제로 자유 사회보다는 훨씬 더 소련식 사회로 기울어져 있다. 우리의 원조를 받는 다수의 자칭 중립국의 외교정책이 전혀 '중립적'이지 않다는 점을 잊지 말자.

중공의 공격을 지지한 수카르노의 인도네시아가 중립적인가? 또는 수에즈 운하를 회복시키려는 서방의 노력은 비난하면서, 소련의 헝가리 침공은 비난하기를 거부한 네루의 인도는 어떠한가? 또는 공산주의 무기와 공산주의 인물을 보유한 무장 세력을 갖추고 있는 나세르의 아랍연합공화국은 어떠한가? 미국 원조가 이런 국가들을 덜 친공산주의적으로 만들 가능성이 있는가? 지금까지 그래 왔는가?

그러나 잠시 동안 '밥통 이론'의 타당성을 인정하고 추가적인 질문을 해보자. 우리의 대외 원조 프로그램이 저개발 국가들에게 번영을 가져올 그런 프로그램인가? 우리 미국인들은 강한 경제를 건설하는 길이 경제 제(諸)세력의 자유로운 활동, 즉 자유로운 자본과 자유로운 노동, 자유로운 시장을 중진시키는 것이라고 믿는다.

우리는 이런 믿음을 뒷받침하기 위해 150년 동안의 경험을 끌어올 수 있다. 그러나 우리가 원조하고 있는 각 '중립' 국가는 국가 사회주의 체제에 운명을 맡겼다. 우리의 현행 정부 대(對) 정부 원조 정책은, 그러한 나라에서 사회주의를 강화시키고 있다.

우리의 원조가 정부 통제 경제를 떠받치는 비효율과 낭비만 지속시키는 것은 아니다. 그러한 정부들의 권력을 강화시켜 줌으로써 우리는 자유기업이 정착하는 것을 더욱 어렵게 만들고 있는 것이다. 이런 이유만으로도, 우리는 정부 대 정부의 자본 지원을 없애야 하고, 미국 민간투자로 대체하는 것을 촉진해야 한다.

우리의 현행 대외 원조 프로그램은 결국 잘못 관리되고 있을 뿐만 아니라, 아예 잘못 착상된 것이다. 그것은 대부분의 경우에 자유세계를 더욱 강하게 만들지 못했다. 그것은 오히려 미국을 더욱 약하게 만들었다. 그것은 어떤 국가의 어떤 이미지를 뛰어넘어 정신적, 인본적 가치가 아니라, 공산주의 선전의 상투적 수단인 물질적인 것에 주로 의존하는 세계를 마음속에 만들었다. 바로 그만큼 우리는 공산주의 독트린을 채택한 셈이다.

미래에 우리의 방식이 우리의 진실된 목적에 합치되게 하려면, 우리는 군사적, 기술적 지원을 필요로 하며 세계 공산주의를 타파하는 공동 목표에 운명을 맡긴 국가들만으로 우리의 대외 원조를 제한해야 한다.

섣부른 협상은 양보를 초래한다

내가 적고 있듯이, 세계는 동서 진영 간의 새로운 라운드의 외교 회담을 기다리고 있다. 전면적인 정상 회동이 봄에 예정되어 있다. 그런 다음 아이젠하워 대통령과 흐루쇼프(Nikita Khrushchyov) 수상이 소련에서 심층적 대화를 가질 것이다. 이것이 '협상'에 의해 세계 문제를 해결하려는 장기적인 미국 정책의 시작에 불과하다고 이야기되고 있다.

봄 회동을 위한 준비가 진척됨에 따라, 나는 단 한 가지 사실에 의해 충격을 받고 있다. 그것은 서방진영이 지금보다 이 협상 이후에 더욱 강해질 것이라고 믿는 것은 물론이고, 그렇게 주장하는 사람이 우리 측에는 아무도 없다는 점이다.

지난 여름에도 마찬가지였다. 우리는 베를린에 대해 '협상'하자고 합의했다. 우리가 그런 회담으로 어떤 것을 얻고자 희망했기 때문이 아니다. 공산주의자들이 '위기'를 조장했고, 우리가 협상 테이블로 가는 것보다 그것에 대해 더 잘할 수 있는 것을 생각해낼 수 없었기 때문이었다. 결국 우리는 대화하는 것에는 손해가 없다고 확신했다.

나는 현 상황에서 대화하는 것은 손해라고 주장한다. 그러한 이유가 몇 가지 있다. 무엇보다 먼저, 공산주의자들은 우리처럼 협상을 합의에 이르려는 노력으로 보지 않는다. 그들에게 협상이란 단순히 정치적 투쟁의 도구일 뿐이다.

그들에게 정상회담이란 세계를 차지하기 위한 투쟁에서 또 다른 전투일 뿐이다. 외교 회담은 공산주의자의 말에 따르면 '지도자들을 제쳐놓고 대중들에게 말할 수 있는 선전장'이다.

물론 공산주의자들은 그들에게 유리한 공식적 합의를 얻을 수 있다면, 그만큼 더 좋다. 그러나 협상 자체가 승리를 가져오지 않더라도 좋다. 예를 들어 소련이 서(西)베를린에서 우리의 권리에 도전했을 때, 우리는 단지 협상 테이블에 앉는 행위에 의해 그들에게 승리를 넘겨줬다.

그러한 문제를 협상하자고 합의함으로써 우리는 베를린에서 우리의 권리가 협상의 대상이 될 수 있다는 점에 합의한 것이다. 그 이전에는 전혀 그렇지가 않았었다. 그리하여 우리는 실질적으로 우리 입장의 부적절성을 시인한 셈이고, 세계는 지금 우리가 우리의 선량한 신의의 증거로서 그것을 조정할 것이라고 기대한다.

흐루쇼프의 최후통첩에 대한 우리의 대답은 서베를린의 지위는 오로지 서베를린 주민들과 현재 점유하고 있는 열강에게만 이해관계가 있고, 따라서 우리가 소련과 굳이 논의할 문제가 아니라는 것이었다. 바로 그것이 베를린 '위기'의 결말이었을 것이다.

베를린 사태는 공산주의자와 협상함에 있어 서방 진영이 근원적으로 불리한 또 다른 이유를 예시해준다. 냉전의 핵심적인 전략적 사실은 지금 전개되고 있듯이, 공산주의자들은 공격적 입장에 있고 우리는 방어적 입장에 있다는 것이다.

소련은 항상 재빨리 움직이고 있으며, 항상 자유

세계로부터 무언가를 취하려고 한다. 서방 진영은 기껏해야 자신이 가진 것을 유지하려고 노력한다. 그러므로 협상의 초점은 어쩔 수 없이 비(非)공산 세계 어딘가에 있다. 동서 진영 간의 모든 회담은 공산주의자들이 탐내는 자유 세계에 속하는 어떤 영토이거나, 권리를 다루게 된다.

　반대로 자유 세계는 공산주의 영토의 해방을 추구하지 않으므로, 공산주의자의 양보 가능성은 결코 있을 수 없다. 서방 진영은 한 번도 적극적인 이득을 위해 회담 테이블을 사용하려고 하지 않았다. 1955년 제네바에서 아이젠하워 대통령은 소련에게 동유럽 위성국가들의 지위를 논의하고 싶다고 말했다. 그러나 그는 소련이 그 문제를 적절한 협상 대상으로 간주하지 않는다는 답변을 바로 받았다.

　사정이 그러했다. 오늘날 우리는 우리가 무엇을 얻을 수 있는가에 대해 말하지 못하기 때문에, 동서 회담에서 유일하게 흥미 있는 질문은 "공산주의자들이 얻을 수 있는 것은 무엇인가?"이다. 이런 여건 아래에서는, 우리가 결코 이길 수 없다. 기껏해야 우리는 우리가 출발한 바로 그곳에 우리를 놓아둘 막다른 궁지를 소망할 수 있을 뿐이다.

협상의 가치가 의문시되는 또 다른 이유가 여전히 남아 있다. 어떻게 하든지 우리가 우리의 이익을 증진시킨다고 생각하는 어떤 합의를 달성한다고 가정하자. 공산주의자들이 그들의 목적에 적합한 것보다 더 오랫동안, 그것을 지키리라고 가정할 어떠한 이유가 있는가?

우리와 그들은 이런 점에서 다르다. 우리는 우리의 약속을 지킨다. 오래 끌고 남을 속이는 공산주의자가 합의와 협정을 파기한 전력에 비추어 보면, 소련은 지켜서 유리하지 않은 합의는 반드시 지키지 않을 것이라는 점이 분명해진다. 소련과 만들 가치가 있는 유일한 합의는 당연히 저절로 실행되게 할 수 있는 합의뿐이다.

그것은 지키는 것이 크렘린의 이익에 부합하는 합의를 의미한다. 그러나 그것이 실상이라면 왜 그것에 대해 '협상'하자고 조른단 말인가? 어떤 조치가 소련의 이익에 속한다면, 크렘린은 재빠르게 나서서 그것을 공식 협상의 대상으로 만들 어떠한 필요도 느끼지 않은 채 그것을 해버릴 것이다.

　그러면 우리는 '세계 긴장을 완화하기 위해' 협상 테이블로 달려가도록 재촉을 받는다. 우리의 대응은 이렇게 간단한 사실에 의해 결정되게 되어 있다. 동서 진영 간에 존재하는 유일한 '긴장'은 공산주의자들에 의해, 그것도 고의로 조성된 것이다.

　그러므로 긴장은 크렘린의 일방적 조치에 의해 '완화'될 수 있다. 우리가 '협상을 통한 타협'으로 긴장을 완화시키려고 결정하는 순간, 우리는 이미 서방에 대해 어떤 가치를 양보하기로 결정한 것이다.

소련 스파이의 실존

최근 몇 달 사이에 이른바 교류 프로그램이 미국 외교 정책의 두드러지는 특징이 되었다. 이 프로그램은 1955년 제네바 정상회담에서 그런대로 차분하게 시작되었다. 그때 우리는 소련과 양국 간의 '문화 교류'를 촉진시키기로 합의했다.

그 이후로 우리는 오페라단이나 농구팀으로부터 무역 전시회나 정부 지도자에 이르기까지 모든 것을 교류했다. 이러한 교류가 평화에 대한 우리의 최선의 희망이며, 오로지 미국과 러시아 사람들이 서로를 '이해'하는 법을 터득할 수만 있다면, 그들은 그들의 차이를 일치시킬 수 있을 것이라고 이야기했다.

소련과 우리 사이의 갈등이 '이해 부족'에서 온다는 주장은 우리 시대의 위대한 정치적 신화의 하나다. 그런데 누구의 이해 부족인가?

미국 사람들이 공산주의나 소련의 본성에 대해 잘못 알고 있단 말인가? 맞다. 일부 미국인들은 소련 체제가 실제로 얼마나 사악한지 파악하지 못하고 있다. 그러나 볼쇼이 발레단에 의한 공연이나, 니키타 흐루쇼프의 미합중국 여행은 분명히 그러한 이해 결핍을 고치기 위해 만들어진 것이 아니다.

소련 지도자들은 어떠한가? 그들은 오도되고 있는가? 모든 증거는, 크렘린 사람들이 우리의 많은 지도자들보다 미국에 대해 더욱 많은 지식을 가지고 있다는 것이다. 그들은 우리의 정치제도, 산업 능력, 생활방식에 대해 잘 알고 있다. 그들은 그것을 완전히 파괴하려는 것이다.

러시아 사람들은 어떠한가? 평범한 러시아 사람은 한심하게도 미국의 방식에 대해 무지하다. 예를 들어 모스크바에서 열린 무역 전시회가 미국에 대한 그들의 지식과 평가를 높이는 데 크게 기여했다는 점이 되풀이되며 이야기되었다. 이것이 사실이라고 하자. 그것이 무슨 소용이 있는가?

러시아 사람들이 그들의 정부를 통제할 수 없는 한, 그들이 우리를 좋게 생각하든 나쁘게 생각하든 그것이 별 차이를 만들지 못한다. 지금은 우리 지도자들이 러시아 사람들과 소련 정부를 똑같이 다루는 것을 그만둘 수 있는 적기(適期)이다.

러시아 사람들이 (미국 음악가의 연주를 들을 기회가 있을지 없을지는 모르지만) 기본적으로 우리 편이라고 생각해도 무방하다. 그러나 모든 권력이 공산주의 지배 계층의 손에 확고하게 장악되어 있는 한, 그들의 공감은 우리가 냉전을 이기는 데 전혀 도움이 되지 않을 것이다.

교류 프로그램은 소련의 눈에는 단순히 공산주의의 정치적 투쟁의 또 다른 작전일 뿐이다. 크렘린이 이쪽으로 건네 보내는 사람들은 예외 없이 소련 정책에 훈련된 요원들이다. 그들 중 일부는 정보를 찾는 스파이다. 그들 모두는 공산주의 선전에 훈련된 전파자들이다.

그들의 임무는 문화적인 것이 아니라, 정치적인 것이다. 그들의 목표는 알리는 것이 아니라, 오도(誤導)하는 것이다. 그들의 과제는 소련의 사실적인 이미지가 아니라, 거짓 이미지를 가져오는 것이다. 크렘린의 희망은 그들이 미국인들을 설득하여, 소련 생활의 추악한 측면이나 소련 체제가 미국인들의 자유에 가하는 위험을 잊도록 하려는 것이다.

이러한 공산주의자의 작전 성공 여부를 미국인들을 공산주의로 전향시키는 정도에 따라 측정하려는 것은 잘못이다. 그런 검증에 의하면 당연히 작전은 거의 완전한 실패이다. 그러나 크렘린의 목표는 그들이 공산주의를 선호하는 만큼 미국인들이 공산주의를 찬성하도록 만드는 것이 아니다.

그것은 바로 우리를 공산주의에 대해 관대하게 만드는 것이다. 크렘린은 공산주의의 팽창을 중단시키기 위해 희생을 불사하려는 우리의 의지가, 우리가 공산주의에 대해 적대적인 정도에 정비례한다는 점을 잘 알고 있다. 그들은 미국인들이 소련을 위험하고 무자비한 적으로 간주한다면, 공산주의가 세계를 정복할 수 없다는 점을 잘 알고 있다.

나아가 공산주의자의 목적은 흐루쇼프가 뿔을 가지고 있지 않다는 점, 그가 멋진 사람이라는 점, 소련인들이 우리와 아주 똑같은 '보통사람'이라는 점, 공산주의가 단지 또 다른 정치체제라는 점을 보여주는 것이다.

제2차 세계대전이 한창일 때 나치-미국 교류 프로그램을 촉진하는 것이나, 히틀러를 미국에 국빈방문으로 초청하는 것은 전혀 의미가 없었을 것이다. 우리가 그 당시 했던 것보다 오늘날 승리를 덜 소중히 여기는 것이 아니라면, 우리는 공산주의 요원들을 친구로 대하고 손님으로 환영하기를 마찬가지로 꺼려하게 될 것이다.

교류 프로그램은 공산주의의 자신감 게임이다.

그것에 속지 말자. 소련 정부에 대한 미국인의 자신감은, 우리가 원하는 바로 최종적인 것이라는 점을 기억하자.

많은 사람들은 미·소 관계의 '정상화'가 교류 프로그램에 의해 예상되듯이, 공산주의 정부를 외교적으로 승인하는 것의 논리적 연장일 뿐이라고 주장한다. 나는 동의한다. 따라서 나는 미합중국이 공산주의 정권과의 외교적 관계의 의문점들을 재점검하는 것이 현명하리라고 생각한다.

외교적 승인이 우리로 하여금 공산주의 국가에서 정보를 수집할 수 있게 해준다는 이야기를 종종 듣게 된다. 그러나 워싱턴이나 다른 미국 도시의 소련 외교 스파이 군단이 소련에 이득이 되는 것의 반만큼이라도, 모스크바의 우리 외교 대표단이 우리에게 이득을 가져오는지 나는 알지 못하겠다.

첩보 활동 가능성은 제쳐놓고라도, 미합중국이 흐루쇼프의 잔인한 박수부대를 러시아 국민들이나 다른 어떠한 국민들의 정당한 통치자로 간주하지 않는다고 우리가 공표하는 순간, 나는 냉전에 대한 우리의 전반적인 접근 방식이 좀 더 좋은 방향으로 바뀌리라고 확신한다. 승인의 철회가 공산주의에 대한 미국인들의 태도를 강경하게 할 뿐만 아니라, 노예 상태에 있는 사람들에게 용기를 주고 그들이 그들의 억압자들을 뒤엎어버리는 것을 도울 것이다.

중공을 승인하지 않는 우리의 현재 정책은 아주 타당하다. 그런 정책 이면(裏面)의 이유는, 소련과 동유럽 위성국가들에도 똑같이 적용된다. 우리의 목적이 냉전에서 승리하는 것이라면, 우리는 우리가 타파하고자 하는 바로 그 체제에 대한 도덕적인 지지를 거부함으로써 지금 바로 시작하게 될 것이다.

국가를 방어할 수단에서 우위를 점하자

여러 해 동안, 우리의 외교 기초자들은 군축이라는 개념에 대해 립 서비스를 제공했다. 이것은 오늘날 외교에서 우리의 미덕을 입증하는 하나의 방법인 것처럼 보인다. 그러나 최근에 강력한 공산주의 선전 압력 아래에서, 우리는 이런 이야기가 심각하게 받아들여지는 것처럼 행동했다. 나는 핵 실험을 보류한다는 우리 정부의 중대 결정을 예로 들었다.

역사학도들은 항상 군비 경쟁이 국제적 마찰의 원인이 아니라, 그 증상이라고 인식해왔다. 상대 국가가 갑자기 칼을 쟁기로 바꾸기로 결정한 것에 의해 평화가 달성된 적이 결코 없고, 우리 시대에도 그러지 않을 것이다. 올바른 정신을 가진 국가라면 어떤 국가라도, 적대 세력이 더 이상 자신을 위협하는 위치에 있지 않다는 점을 먼저 확실하게 하지 않고는 스스로를 방어할 수단을 포기하지 않을 것이다.

공산주의 지도자들은 말할 나위도 없이 올바른 정신을 가지고 있다. 모든 것을 고려해 볼 때, 그들은 정책을 채택하기 전보다 그들을 더 허약하게 만들 정책을 채택하는 것은 꿈도 꾸지 않을 것이다.

그들은 선전 목적을 위해 일반적인 군축을 역설할지 모른다. 다른 무기에서 그들의 우위력이 서방에 비해 결정적으로 더 강하다는 인식 아래, 그들은 특정 무기에 대해 상호 군축을 진지하게 추진할지도 모른다.

따라서 재래식 무기에서 드러나는 서방의 취약성에 비추어 보자면, 공산주의자들이 핵 분야에서 군축을 추구하는 것은 이치에 맞을지 모른다. 만약 모든 핵무기가 갑자기 없어진다면, 대부분의 세계는 즉시 러시아와 중국의 대규모 군인들에 의해 정복될 가능성이 있다.

미국 지도자들은 우리의 안보 요구에 대해 동등한 배려를 보여주지 못했다. 제2차 세계대전 이후 미합중국은, 소련에 필적할만한 재래식 무기 체제와 더불어 원자력을 독점했다. 우리는 서둘러서 무책임하게 재래식 무기 체제를 해체했다.

우리는 원자력을 정치적으로 활용하지 못했고, 수소폭탄과 유도미사일 분야로 뒤늦게 진입해 계속해서 우리의 우위를 찔끔찔끔 소모해버렸다. 결과는 우리가 지상전을 수행할 재래식 무기에서 압도당한 것이다. 핵무기에 관해 공산주의 세력은 우리와 동등한 지점에 아직 도달하지 않았지만, 상당히 접근하고 있다.

핵무기 분야에서 임박한 물리적 동등성에, 공산주의 선전에 의해 부지런히 가꿔진 심리적 요소들이 덧붙여져야 한다. 총력전의 공포는 아주 엄청나다고 이야기한다. 어떤 국가도 핵무기의 직접적인 공격에 놓이지 않는 한, 핵무기에 대한 의존을 고려하지 않을 것이다. 지금 우리 지도자들이 실제로 이것을 받아들이는 순간, 전략적 핵무기는 중립화될 것이고, 공산주의 군대는 전략공군사령부에 의한 보복을 두려워하지 않고 제한전(制限戰)을 개시할 수 있을 것이다.

나는 그들이 그것을 받아들이고 있다는 점이 두렵다. 따라서 공격적인 공산주의 세력이 핵 공포의 우산 아래에서 자유롭게 조정할 수 있는 군사적, 심리적 상황이 급속히 진전되고 있는 점이 두렵다.

바로 이러한 문맥에서, 우리는 핵무기 실험의 영구적 금지를 목표로 하는 공산주의의 선전 몰이와, 그러한 제안에 보조를 맞추려는 우리 지도자들의 성향을 주목해야 한다. 그러한 제안을 단호하게 거부해야 하는 두 가지 사전적인 이유가 있다.

첫 번째로, 공산주의자들이 그런 합의를 몰래 파기하는 것을 막을 신뢰할만한 수단이 없다. 최근에 이뤄진 대부분의 실험은, 지하 핵폭발이 탐지되지 않고도 이뤄질 수 있다는 점을 보여주었다.

두 번째로, 우리가 현재의 핵무기를 최신화하지 않는다면, 효과적인 전략적 억지력마저도 유지하기를 바랄 수 없다. 최신화는 곧 실험을 필요로 한다.

그러나 내가 주장하는 주요 논점은, 실험이 제한전에서 사용 가능한 전술 핵무기에 요구된다는 점이다. 우리의 군사 전문가들은 제한전을 위해, 우리가 공산주의의 인력 우위를 상쇄하기 위한 무기 우위를 가져야 한다는 점을 오랫동안 잘 인식해왔다.

이것은 우리가 다양한 종류의 작고 분명한 핵무기를 개발하고 완성해야 한다는 점을 의미한다. 그것은 결국 실험을 의미한다. 그러한 무기 체계의 개발은 한쪽으로 우세한 공산주의의 인력과, 다른 한쪽으로 임박한 전략 핵무기의 중립화라는 미국의 딜레마를 떨쳐버리는 유일한 방법이다.

우리의 정부는 방사능 낙진 문제에 관해 공산주의자들이 유도한 집단적 히스테리에 의해, 처음부터 실험을 보류하는 것으로 내몰리게 되었다. 그러나 누군가 그러한 위험에 대해, 그것이 가까운 장래의 문제와 관계가 없다고 평가할지 모른다.

사실은 지구 대기 위에서 실시되는 실험에서 실제로 아무런 낙진이 없으며, 지하 실험에서도 전혀 없다는 것이다. 그러므로 실험을 보류하는 유일한 변명은, 우리의 자제(自制)가 어쨌든 평화에 도움이 된다는 것이다.

그러나 내 대답은 우리의 군사력을 감축시키는 정책에 의해, 평화가 어떻게 조금이라도 가까이 오는지를 도저히 알 수 없다는 것이다. 공산주의 지도자들이 세계혁명을 위한 그들의 계획을 이미 포기했고 평화 공존을 위해 앞으로 노력할 것이라는 가정, 우리가 우리의 국가적 존망의 위험을 감수해야 하는 가정 아래에서만 그러한 정책은 이치에 맞는다.

우리의 목표가 공산주의에 대한 승리라면, 우리

는 그러한 목표에 도달하기 위해 군사적이든 정치적이든 경제적이든, 유용한 모든 무기에서 우위를 달성해야 한다. 그러한 프로그램에는 돈이 필요하다. 그러나 돈이 현명하고 효율적으로 지출되는 한, 나는 돈을 지출할 것이다.

나는 국가의 안전에 관해서는 '절약'을 지지하지 않는다. 보수주의자로서 나는 세계 넘버원 군사 체제에 돈을 대기 위해 요구되는 엄청난 과세를 개탄한다. 그러나 그러한 체제의 부재가 머지않아 초래하게 될 외세 정복의 가능성을 더욱 개탄한다.

우리의 목표를 과녁에 맞추자

우리의 지도자들이 진지하게 천명하는 국제연합(UN)의 지지는, 미국 외교정책의 초석 가운데 하나다. 나는 미국 외교정책이 UN의 지지를 받아야 하는지 의문을 가지고 있다고 고백한다.

여기서 다시 한번 말하건대, 외교 사안에 대한 우리의 접근 방식이 목적상 혼란으로 괴로움을 받고 있는 것처럼 보인다. 그 자체만을 위한 국제적인 토론장의 영속화가 미국 외교의 주된 목표인가? 만약 그렇다면 우리의 국익을 UN의 이익에 따르게 한 과거의 기록에 대해 해야 할 말이 많다.

만약 다른 한편으로 우리의 주된 목표가 공산주의에 대한 승리라면, 우리는 당연히 그러한 목적에 대한 가능한 수단으로서 UN과 같은 기구를 주목할 것이다. 이런 의문, 곧 미국의 UN 참여가 세계 공산주의에 맞선 미국의 투쟁을 돕는 것인가 방해하는 것인가 하는 의문이 생기자, 우리의 현재 방식의 UN 관여가 재고돼야 마땅하다는 점이 분명해진다.

UN은 부분적으로 공산주의 기구라는 점을 잊지 말아야 한다. 공산주의자들은 항상 주요한 정책 결정 조직인 안전보장이사회에서 적어도 한 자리를 차지하고 있다. 그 조직에서 소련의 영원한 비토권은, 크렘린이 자신의 이익에 반하는 중대한 문제에 대해 어떠한 조치도 막을 수 있게 해준다.

또한 공산주의자들은 UN의 다른 정책 결정 조직인 총회에서 상당한 수준의 회원의 지위를 가지고 있다. 더구나 공산주의 이익에 반하는 일부 UN 정책을 빈번하게 방해하는 입장에 있는 수많은 공산주의 앞잡이들에 의해, UN의 실무 책임자인 사무총장이 앉혀진다. 마지막으로, 상당히 많은 수의 비공산주의 회원국들이 소련에 우호적이거나, 기껏해야 우리에게 비우호적일 따름이다.

따라서 우리는 UN의 토의를 거쳐 나오는 많은 정책들이, 미합중국의 이익을 최선으로 구현한 정책이 아니라는 점에 대해 전혀 놀랄 필요가 없다. UN 정책은 필연적으로 많은 상이한 관점들의 산물이다. 그런 관점들의 일부는 우리의 이익에 우

호적이고, 일부는 무관하고, 일부는 몹시 대립적인
것이다.

그래서 우리의 정책을 UN의 정책에 따르게 할
때, 우리의 국익은 항상 손해를 보는 것이 엄연한
사실이다. 우리가 우리를 위해 판단을 내리고 우리
를 위해 정책을 만들려고 UN에 요청한 거의 모든 경
우에, 가령 한국전쟁 기간이나 수에즈 위기 때나 이
어진 이라크 혁명 때나, 그러지 않았을 경우보다 우
리는 공산주의에 대해 덜 효과적인 상대가 되었다.

미국과 달리 공산주의자들은 UN을 존중하지 않
고, 그들의 정책이 UN에 의해 영향을 받지 않도록
한다. 만약 어떤 UN 결의안을 통해 반영하기로 한
'인류의 의견'이 그들에게 불리하게 작용하게 된다
면, 그들은 실제로 인류에게 꺼져버리라고 말한다.

우리는 그렇지 않다. 우리는 관철하기보다 차라
리 승인을 받으려고 한다. 그리하여 우리 자신의
의견을 UN 다수와 일치하도록 조정하려고 한다.

이것은 냉전을 이기는 방법이 아니다.

나는 되풀이한다. 공산주의는 80여 개국 남짓한 국가의 외교정책의 공통분모인 정책에 의해 격퇴되지 않을 것이다. 더구나 그런 국가들 중 일부는 우리의 적이고, 거의 모든 나라가 공산주의 지배로부터 세계를 구하는 데 있어서 우리보다 확고하지 못하다.

그럼에도 우리는 예멘 왕의 의견이 우리의 의견과 동등하게 취급되는 그런 포럼에, 우리의 중요한 외교정책을 예속시켜 왔다. 거기에서 미합중국의 한 표는 '벨로루시'와 같은 조그만 나라에 의해 상쇄될 수 있는 것이다.

나는 우리의 UN 관여의 몇 가지 다른 양상으로 인해 혼란스러워진다. 첫 번째로, 여기서 우리의 냉전 이익이 손상되는데, 그것은 바로 UN이 공산주의 선전을 위한 독특한 포럼이라는 점이다. 우리는 말할 필요도 없이 UN에서 우리의 목소리를 낼 수 있다.

　그러나 공산주의자들의 특별한 이점(利點)은, 그들의 거짓말과 허설(虛說)이 심각한 국제적 토론과 동등한 수준으로 격상된다는 것이다. 공산주의 정권이 UN에 동등하게 참여할 권리를 승인함으로써, 또한 그들을 '평화를 사랑하는' 존재로 공식적으로 인정함으로써, 우리는 공산주의 선전에 대해 그것이 그렇지 않았으면 갖지 못했을 타당함과 그럴듯함의 근거를 제공하고 있다.

　두 번째로, UN은 미국 납세자들에게 정당하지 않은 부담을 지우고 있다. "능력에 따라 각자로부터…"라는 마르크스주의 공식은 미국의 정의 개념과 합치하지 않는다. 바로 그 공식에 입각해 UN과 그것의 전문화된 기구들에 대한 기여금이 결정되는 것이다.

　미합중국은 현재 모든 UN 비용의 대충 3분의 1을 부담하고 있다. 그러한 부담액은 상당히 축소돼야 한다. UN이 자선기관으로 운영되지 말아야 한다. 부담액은 공여국(供與國)이 받은 혜택을 고려해야 한다.

마지막으로, 나는 우리의 UN 관여가 미국 주권에 대한 위헌적인 굴복으로 이어질까 걱정이다. 많은 UN 활동이 이미 회원국들의 주권적 권한을 잠식해왔다. 그런 관념에 대한 나의 애매한 반대를 지적하는 것 말고는, 지금 이 자리는 주권적인 미국 권한을 포기하는 것의 장점을 논의할 때나 장소가 아니다. 오히려 그것이 어떤 논의이건, 수정헌법 조항의 틀 안에서 이뤄져야 한다고 주장할 때와 장소이다. 그것이 어떤 UN 기구의 본부에서 비밀리에 이뤄져서는 안 된다는 것이다.

UN 탈퇴는 아마도 이러한 문제들에 대한 답변이 아닐 것이다. 수많은 이유들로 인하여 그런 실행은 이뤄지지 못할 것이다. 그러나 우리는 우리의 참여가 미국의 이익을 증진시키는 데 도움이 되고,

UN에 대한 우리의 일부 태도나 정책에서 변화를 가져올 것이라는 점을 분명히 해야 한다.

이 나라에 많이 있는 UN 우선주의자들이 적절한 관점에서 '국제 협조'를 진지하게 대하도록 하자. 지속적인 평화에 앞서서 공산주의에 대한 승리가 있어야 한다는 점을 그들이 이해하도록 하자. 한마디로 그들이 그들의 눈을 과녁에 맞추도록 하자.

자유를 향해 헤엄치는 사람들

어쨌든 이 정책을 기초한 사람이 공격 지향적이라고 생각한 우리 정책의 한 가지 양상이 있다. 불행하게도 그 효과는 의도된 것의 정반대다.

얼마 전에 우리 지도자들은 공산주의 위성 정권들이 우리의 도움을 받아, 점차적으로 소련과의 관계를 파기하고 자유와 정의에 대한 우리의 개념에 더욱 보조를 맞추는 정치 체제를 '진화'시킬 것이라는 논리를 주창하였다. 따라서 미국은 소련과의 관계가 긴장된 것처럼 보이는 공산주의 정부를 지원하는 정책을 채택했다. 그래서 그러한 정책은 다음과 같은 슬로건을 낳았다.

"미국은 혁명이 아니라 진화를 통해 노예화된 주민의 해방을 추구한다."

이러한 슬로건의 방패 아래에서, 우리는 엄청난 달러를 폴란드 공산주의 정부에 보내고 있고, 유고슬라비아 공산주의 정부에는 이미 10억 달러 이상을 보냈다.

내 생각에는 이러한 돈은 낭비된 것뿐만 아니라, 공산주의의 명분을 적극적으로 증진시켰다. 그것은 공산주의 정부를 덜 공산주의적으로 만들지 못했다. 그것은 공산주의 정부가 냉전에서 진영을 바꾸도록 하지도 못했다. 그것은 공산주의 정부가 그들의 인민을 노예 상태로 하는 것을 더욱 쉽게 만들었다. 그리고 이러한 결과 중에서 어떠한 것도 놀라운 일이 아닐 것이다.

소련이 공산 정권의 비(非)공산 정권으로의 '진화'를 막을 군사적이고 정치적 힘을 가지고 있는 한, 그것이 실제로 불가능하다는 것을 알면서도 그것이 있을 수 있다고 생각하는 사람도 있다. (나는 그것이 절대 있을 수 없다고 생각한다.)

크렘린은 그 자신의 목적을 위해 위성국가에서 '자유화' 경향을 허용할지 모른다. 크렘린은 승인된 소련 외교정책 노선에서 약간의 일탈도 허용할지 모른다. 크렘린은 때때로 내부 압력을 완화시키는 신중한 수단으로 수시로 서방을 혼란시키기도 한다. 그러나 크렘린은 상황이 결코 너무 멀리 나가지 않도록 한다.

헝가리가 그것을 입증했다. 공산주의 정부가 비공산주의 정부로 바뀔 위협에 처하거나, 또는 소련에 맞서 서방과 손을 잡을 위험에 처하는 순간, 크렘린은 변절하는 정부를 다시금 자신과 일치시키는 조치를 취할 것이다.

헝가리는 이러한 진실을 입증했고, 폴란드는 반체제 공산주의자들이 그것을 배웠다는 점을 입증했다. 불행하게도 서방 지도자들은 통찰력이 훨씬 모자란다.

1956년 가을, 고물카(Gomulka)의 정부와 크렘린 사이에 틈새가 나타났다. 많은 서방 사람들은 폴란드가 공산주의로부터 떠나고 있다고 기쁜 듯이 공언했다. 이런 움직임을 촉진할 생각으로 우리 정부는 고물카 정권에 원조를 보내기 시작했다. 이후 몇 년 사이에 우리는 두 가지 사실을 목격했다.

(1) 우리의 돈이 고물카 정권이 경제문제를 다루는 것을 더 쉽게 만들어주었다. (2) 고물카는 심지어 소련 정부와 더욱 밀접한 관계 속에서 움직였다.

미국의 정책 기초자들이 진작 알았어야 했던 것처럼, 고물카는 공산주의를 포기하는 대가가 부다

페스트 식 대량 살육이라는 점을 알았다. 미국이 자유를 향해 헤엄쳐 나가고자 하는 사람들에 대해 기꺼이 도움을 주려면, 이것이 문제일 필요는 없다. 그러나 우리가 동유럽에서 소련 군사력에 자유재량(free hand)을 주는 한, 공산주의 정부를 우리의 친구가 되도록 매수하려는 시도는 바보스러움의 극치다.

우리는 그들의 지배자가 아니다. 그들에게 붙들려 있는 주민이 우리의 친구이고, 잠재적 동맹이라는 점을 깨달아야 한다. 진정으로 공격 지향적인 전략은 붙들려 있는 주민이 공산주의에 대항하는 전쟁에서 우리의 가장 강력한 무기라는 점을 알아차릴 것이고, 그들이 그들의 억압자들을 뒤엎어버리도록 희망을 줄 것이다.

그들의 억압자들을 강화시키는 정책은, 공산주의제국 내의 그러한 대변동을 연기시킬 뿐이다. 그런 변동이야말로 핵전쟁에 의지하지 않고도 공산주의를 격파할 우리의 최선의 소망인 것이다.

우리가 적을 무찌르는데 도움이 되는가 하는 기준에 비추어 우리 외교 정책의 각 양상을 평가해봄으로써, 우리는 과거 14년이 좌절과 실패로 얼룩진 이유를 이해할 수 있다. 잘못된 길을 여행해왔기 때문에 우리는 앞으로 나아가지 못했다. 옳은 길을 확보하기란 쉽지 않다.

우리 자신의 경험이란 관점에서 보면 그것은 우리가 추구하는 새로운 길이고, 따라서 (아마 더 중대하지는 않을지라도) 우리가 지금 익숙한 것과는 상이한 도전과 위험을 안고 있는 길이다. 실제로 '새로운' 길은 인류 역사만큼 오래된 것이다. 냉정한 '상황 판단'에 도달했던 성공적인 정치적, 군사적 지도자들이 그들이 이기고자 하는 전쟁 중에 있을 때 항상 따르는 길이다.

우리의 전략

우리 자신의 상황 판단으로부터, 우리는 우리가 취해야 할 방향을 알아낸다. 적을 무찌르는데 도움이 되는가 하는 우리의 기준은, 그 길에 언제나 지침을 제공할 것이다. 오늘날에도 관철될 수 있는 몇 가지가 있다.

(1) 핵심적 지침은 목표다. 우리는 결코 그것을 시야에서 놓쳐서는 안 된다. 그것은 공산주의에 맞서 투쟁을 하는 것이 아니라, 그것을 이기는 것이다.

(2) 우리의 전략은 성격상 주로 공격적이어야 한다. 적의 도전의 역동적이고 혁명적 특성을 고려하면, 우리는 단지 우리 자신을 지키려고만 한다면 결코 이길 수 없다. 적의 타격을 줄이는 것에 머물지 말고, 우리는 우리 자신의 타격을 가해야 한다. 우리의 경계선을 지키는 것에 머물지 말고, 적의 경계선에 구멍을 내야 한다. 자유세계를 자유롭도

록 지키는 것에 머물지 말고, 우리는 공산주의 세계를 자유롭게 만들려고 노력해야 한다.

이러한 목적을 달성하기 위해 우리는 언제나 우리 자신이 선택하는 때와 장소에서, 우리 자신이 선택하는 무기를 가지고 적과 싸우려고 노력해야 한다.

(3) 우리는 군사적 우위를 달성하고 유지하려고 노력해야 한다. 단순한 동등성은 충분하지 않을 것이다. 우리가 인력 측면에서 공산주의자와 결코 비견될 수 없으므로, 우리의 장비나 무기는 적의 수적인 유리함을 상쇄하는 것 이상이어야 한다.

또한 우리는 제한전 능력을 발전시켜야 한다. 우리는 작고 분명한 핵무기에서 결정적 우위를 달성하기 위해 모든 노력을 기울여야 한다.

(4) 우리는 미국을 경제적으로 강하게 만들어야 한다. 우리는 비록 개인적 자유가 살아있을지라도 경제적 에너지가 정부의 목조르기로부터 해방되어

야 하는 이유를 이미 보았다. 비록 국가가 살아있을지라도 경제적 해방은 마찬가지로 긴요하다. 미국의 최대한의 경제력은 관료적 지시 아래에서가 아니라, 바로 자유 속에서 만들어진다.

(5) 우리가 외국을 다루는 모든 면에서 우리는 강대국처럼 행동해야 한다. 우리의 국가적 자세는 선의와 더불어, 힘과 자신감과 목적을 반영해야 한다. 우리는 호전적일 필요는 없되, 다른 나라로 하여금 미국의 권리가 아무 보복도 없이 침해될 수 있다고 믿도록 부추기지 말아야 한다.

우리는 어디서든지 미국 국민과 재산과 명예를 지켜야 한다. 우리는 외국 사람들이 우리를 사랑하도록 만들 수 없을지 모른다. 사실 어떠한 국가도 그런 일에 성공한 적이 없다. 그렇지만 우리는 그들이 우리를 존중하도록 만들 수는 있다. 바로 존중이야말로 지속적인 우정과 확고한 동맹을 만드는 재료다.

(6) 우리는 차별적인 대외 원조 정책을 채택해야 한다. 미국 원조는 자유를 위한 투쟁에서 우리와 함께할 의지가 있는, 우호적이고 반공적인 국가들에게만 제공되어야 한다. 더구나 우리의 원조는 선물이 아니라, 차관이나 기술지원의 형태를 취해야 한다. 우리는 그런 국가들이 공동의 명분에 대해 각자 공정한 몫을 기여해야 한다는 점을 주장해야 한다.

(7) 우리는 세계 공산주의 운동이 문명화된 민족들의 공동체에서 하나의 이단적 탈법자라고 선언해야 한다. 따라서 소련을 포함하여 모든 공산주의 정부에 대한 외교적 승인을 철회해야 한다. 그를 통해 우리가 그러한 정부들이 적법하지도 않고, 영속적이지도 않다고 간주한다는 점을 세계에 천명해야 한다.

(8) 우리는 붙잡혀 있는 주민들로 하여금 그들의 공산주의 통치자들에 대항해 반기를 들도록 용기

를 주어야 한다. 이러한 정책은 용기와 더불어 신중함과 인내를 가지고 추구돼야 한다. 우리의 붙잡혀 있는 친구들에게 우리가 그들을 간절히 돕고 싶어 한다는 점을 알리면서도, 성공 가능성이 없는 설익은 반란을 단념하도록 해야 하기 때문이다.

자유의 전사들은 그런 반란의 때와 장소와 방식이 전반적인 세계 전략의 요구에 의해 결정될 것이라는 점을 이해해야 한다. 이런 목적을 위해 우리는 철의 장막 뒤에 있는 지하 지도자들에게 인쇄기, 라디오, 무기, 교관 등 충분히 성공할 수 있는 저항의 도구 일체를 제공하면서, 그들과 밀접한 연락 체계를 구축해야 한다.

(9) 우리는 조국의 회복을 위해 공격적인 작전을 수행하고자 하는 수단과 욕망을 가진 우호적인 주민들에게 용기를 북돋아 주어야 한다. 예를 들어 중공 내부에서 어떤 반란이 일어난다면, 우리는 자유중국에 의한 본토의 게릴라 작전을 장려하고 지

원해야 한다.

상황이 좋게 전개된다면, 우리는 아시아의 붙잡혀 있는 주민들을 해방시키려는 공동 노력으로 한국군과 남베트남군이 자유중국군에 합류하는 것을 장려해야 한다.

(10) 바로 우리 자신이 약점 있는 공산주의 정권에 대해 군사작전을 수행할 준비가 되어있어야 한다. 우리가 지상전에 사용될 수 있는 핵무기를 개발했고, 따라서 우리가 유럽여단을 갖추었다고 가정하자. 아울러 1956년에 부다페스트에서 일어났듯이 동유럽에서 커다란 봉기를 가정하자.

그러한 상황에서 우리는 크렘린에 소련의 개입을 불허하는 최후통첩을 보내야 한다. 만약 최후통첩이 거부된다면, 적절한 핵무기로 무장된 신속 이동 특수부대가 폭동의 현장으로 이동할 수 있도록 준비가 되어있어야 한다.

자유를 지키는 한 가지 길

우리의 목적은, 반란의 바로 목전에서 우세한 군사력으로 소련에 맞서서 소련의 퇴각을 강제하는 것이다. 미국군과 소련군 사이의 실제적 충돌은 일어나지 않을 것이다. 단지 미국이 움직일 수 있다는 위협은, 아마도 소련의 최후통첩 수용으로 결말날 것이다.

왜냐하면 소련은 싸움이 적대적인 주민들 틈에서 일어날 것이고, 쉽게 다른 지역으로 번질 것이라는 점을 잘 알기 때문이다. 또한 소련은 장거리 폭격기와 미사일에 대한 의존이, 같은 방식으로 자동적인 보복을 초래할 것이라는 점을 알게 될 것이다.

이러한 차원에서, 우리는 공산주의 지도자들에게 소련의 전면적인 파괴와 국지적 패배 수용 중에 하나를 택하도록 요구할 것이다. 우리가 1956년에 그럴 의지와 그럴 수단을 가졌었다면, 그러한 정책은 헝가리 혁명을 구했을 것이다.

이것은 어려운 결심이다. 그러나 그것이 의미하는 내용 때문이 아니라, 그것을 공개적으로 말하는 것 때문에 어려우리라고 나는 생각한다. 그러한 정책은 전쟁의 위험을 내포한다? 물론이다. 그러나 항복을 제외하고 어떠한 정책도 그렇다.

세계 지배라는 공산주의의 목표를 성공적으로 좌절시킬 어떠한 정책도, 소련이 (일본이 과거에 행했던) 가미카제 식 결말로 패배를 선택할 위험을 무릅쓰는 것이다. 그것은 어려운 결심이다. 왜냐하면 그것은 전쟁이 자유의 대가일 수 있다고 솔직히 인정하고, 따라서 우리의 국가적인 안주(安住)를 방해하기 때문이다.

그러나 우리의 생명과 자유를 둘 다 지키는 가장 확실할 것 같은 수단을 계속 찾는다 해도, 그것은 실제로 어렵다. 우리가 우리나라를 만들기 위해 감수했던 위험, 즉 우리의 선조들이 공개적으로 자랑스럽게 그들의 '생명, 재산, 신성한 명예'를 주장했던 위험을 생각한다면, 그것이 그만큼 어려운가? 우리는 나라를 구하지 않을 것인가?

내가 말하는 위험은 공산주의의 용어가 아니라, 우리의 용어이다. 그들이 아니라, 우리가 의지의 시험을 위한 때와 장소를 선택할 것이다. 그들이 아니라, 우리가 그러한 시험에 영향을 미치는 최대한의 힘을 가져올 기회를 가질 것이다. 우리가 아니라, 그들이 좋지 않은 여건에서 제한적인 목적을 위해 싸울 것인지 또는 물러날 것인지 결정해야 할 것이다. 이러한 것들은 엄청난 이점이다.

우리가 그것을 바라보듯이, 미래는 양자택일에 따라 전개될 것이다. 하나는 공산주의자들이 공격적인 태도를 유지한 채 차례차례 도전하고, 연이은 국지적 위기 속에서 전면전과 제한적 퇴각 중에 하나를 선택하도록 우리에게 요구하고, 가장 불리한 여건에서 궁극적으로 항복하거나 전쟁을 받아들이

도록 우리에게 강요하는 것이다.

　다른 하나는 우리가 주도권을 잡기 위해 의지와 수단을 모아서 공산주의자들에 대해 소모전을 감행하고, 그를 통해 공산주의 제국의 내부적 붕괴를 가져오기를 바라는 것이다.

　전자의 길은 전쟁의 위험을 무릅쓴다. 그러나 결국에는 거의 확실한 패배로 이어진다. 후자의 길도 전쟁의 위험을 무릅쓴다. 그러나 승리의 약속을 보여준다. 생명을 소중히 여기는, 그렇지만 자유를 더욱 소중히 여기는 미국인들에게 그 선택은 결코 어려울 리 없다.

"백화점 총지배인에서 상원의원으로!"

배리 골드워터(1909-1998)는 애리조나주 피닉스의 유태인 가정에서 태어났다. 그가 태어난 해는 애리조나주가 연방의 일원이 되기 3년 전이었다. 그의 할아버지는 14세에 폴란드를 떠나 런던과 캘리포니아를 거쳐, 1859년 애리조나로 이주하여 백화점 사업으로 성공을 거뒀다.

골드워터는 학교 시절 친구들에게 인기는 있었지만, 그저 그런 학생이었다. 그의 부모는 그를 버지니아에 있는 어느 군사학교에 보냈다. 거기서 골드워터는 엄격한 훈련과 군사적 분위기에 잘 적응하며 반에서 1등으로 졸업했다. 그는 고향으로 돌아와, 1928년 애리조나대학에 입학했다.

하지만 그다음해에 아버지가 죽는 바람에, 그는 대학을 중퇴하고 백화점 경영을 떠맡았다. 그는 인기 상품을 출시하여 성공하는 등 상당한 사업적 수완을 발휘했다. 그는 백화점 총지배인으로서 종업원들을 위해 주 5일제를 실시했고 급여 외 수당을 개선시키기도 했다.

그는 새벽마다 비행기 조종 훈련을 받았다. 특히 애리조나의 새벽 대기(大氣)상태는 초짜 비행 훈련생에게는 아주 적합했다. 제2차 세계대전이 발발하자, 그는 전투 비행 임무를 얻으려고 했으나 실패했다. 그 대신, 세계 각지로 물품을 나르는 수송부대에 배치되었다. 전쟁 내내 그는 수송기를 몰고 대서양을 가로지르고, 아프리카를 돌고, 히말라야 산맥을 넘나들었다.

전후 고향으로 돌아온 그는 백화점 사업에 흥미를 잃었다. 마침 피닉스 시정(市政) 개혁 운동에 참여했다가, 주변의 권유로 시의원에 출마했다. 그는 의외로 정치에 흥미를 느끼고, 2년 후(1952년) 상원의원직에 도전하여 신승(辛勝)했다. 1958년에는 손쉽게 재선에 성공했다.

"보수주의의 기수에서 대통령 후보로!"

그는 상원에서 보수주의 가치를 위해 싸웠다. 연방 정부의 권력과 지출 축소를 주장했고, 공산주의와 강력하게 대결할 것을 촉구했다. 노조 간부에 대한 과도한 권력 집중, 높은 세금, 외국 원조 등을 비판했다. 그의 생각이 집대성된 것이 바로 1960년에 출간된 『보수주의자의 양심』이다. 이 책은 무려 350만 권이나 팔리면서 그를 단번에 보수주의의 기수로 부상시켰다.

그는 1960년 대통령 선거에서 닉슨 후보를 도우며 상원 캠페인 위원장으로 전국을 돌았다. 거의 모든 주를 방문하며 수많은 당내 집회에 참여했고, 다양한 사람들을 만났다. 그때의 경험은 그가 4년 후 당내 대통령 후보가 되는 밑거름이 되었다.

1964년 당내 대통령 후보 경선 초반에 그는 그저 평범했다. 가까스로 신승을 거두다가, 캘리포니아에서 압승을 하며 비로소 승세를 굳혔다. 그러나 대통령선거 캠페인 내내 그의 융통성 없는 원리원칙은 극단주의자라는 비난에 시달렸다. 더구나 거침없는 입담으로 종종 설화(舌禍)를 당하기도 했다. 특히 월남전에 전술핵 사용 언급은 그를 '핵전쟁도 불사하는' 위험한 인물로 비치게 만들었다.

선거 결과는 한마디로 대참패였다. 그가 승리한 것은 50개 주 가운데 고작 6개 주에 머물렀다. 일반 득표율도 36%에 불과했다. 사람들은 그가 정치

적으로 재기할 수 없으며, 공화당은 참담하게 분열
될 것이라고 예상했다. 그러나 그가 주장한 보수
주의 원칙이 머지않아 재조명받으며, 그는 1969년
상원의원으로 재기했다. 그리고 내리 3선을 했다.

한편, 1964년 공화당의 역사적인 참패 속에서도
차세대 스타가 등장했다. 바로 로널드 레이건이
다. 그는 인상적인 TV 찬조 연설을 통해 일약 전
국적인 유명 인물로 떠올랐다. 그는 1967년 캘리
포니아 주지사에 당선되었고, 1980년에는 대통령
의 자리에 올랐다. 그는 골드워터의 가치를 충실히
실천에 옮긴 대통령으로 평가받는다.

"정치적 재기를 통해 공화당의 상징으로!"

골드워터는 닉슨의 탄핵 논란이 일어날 때 또다
시 전국적 이목을 끌었다. 그는 1974년 8월 7일,

공화당 의원들의 권유로 백악관을 방문했다. 거기서 그는 "공화당 의원들이 탄핵과 유죄 판결을 저지할 의사가 없으며, 또한 그런 능력도 없다."고 직언을 했다. 닉슨은 바로 다음날 사임을 발표했다. 이 일을 계기로 그는 공화당의 원로로 더욱 존경을 받게 되었다.

사람들은 그를 그랜드 올드 맨(Grand Old Man)이라고 불렀다. 이는 공화당을 그랜드 올드 파티(Grand Old Party)라고 부르는 것에 빗대어 한껏 존경을 나타낸 호칭이다. 그는 그런 호칭에 걸맞게 각종 현안에 대해 활발한 발언을 하며 공화당 원로로 역할을 다했다.

그러나 상원의원 마지막 임기 동안 건강이 악화되어, 여러 차례 수술을 받고 휠체어에 의지해야 했다. 1986년 선거에 출마를 포기했다. 그의 지역구는 작년(2018년)에 타계한 존 매케인이 계승하였다. 그는 은퇴하고 나서도 종종 공공 이슈에 대해 지속적으로 발언했다.

　1990년대의 공화당 입장과는 달리 낙태에 찬성
했다. 그가 진보적으로 돌아섰다는 비판에 대해 그
는, "오늘날 수많은 보수주의자들이 그 말이 의미
하는 바를 알지 못한다."고 질타했다. 낙태는 국
가나 사회가 간섭할 문제가 아니라, 바로 가임 여성
스스로가 결정할 문제라는 것이 그의 소신이었다.

　또한 남성 동성애자의 군 복무를 지지했다. 그는
이미 피닉스에서 남성 동성애자에 대한 직업 차별
을 폐지시키기 위해 노력했다. 1994년, 그는 그들
에 대한 직업 차별을 금지하는 법안을 통과시키려
는 어느 추진 단체의 명예회장을 맡기도 했다.

"다양한 모습을 지닌 비범한 삶!"

　그는 전형적인 서부인이자, 다양한 면모를 지닌

사람이었다. 그는 보기 드물게 커피를 마시지 않았고, 담배도 피우지 않았다. 그 대신 업무 시간이 지나고 나서, 위스키를 한두 잔씩 홀짝거리곤 했다.

무엇보다 그는 기계광(狂)으로 알려졌다. 그는 애리조나 자택에 아침 햇빛을 받는 순간 자동적으로 깃발이 올라가는 국기 게양대를 설치했다. 또한 서부의 풍경과 인물을 담는 사진작가로도 활동했다. 그의 사진은 애리조나를 소개하는 책자에 실리곤 했다.

그는 그때까지 미시시피를 비롯해 인적이 드물었던 여러 개의 강을 여행한 탐험가이기도 했다. 또한 열성적인 햄 라디오(Ham Radio) 운영자이기도 했다. 그는 햄 라디오를 통해 베트남전쟁 중 미군과 가족 간에 20만 통 이상의 사연을 연결해준 것으로 유명하다.

그는 성미가 급하고 투박하고 퉁명스러웠다. 또한 머뭇거리지 않고 무슨 말이든 직설적으로 뱉었다. 아이젠하워 대통령도 그에게 "너무 급하고 너무 크게 말한다."고 지적했다. 그 역시 자신이 한 말에 대해 종종 후회를 하곤 했다. "공중에 떠도는 말 가운데 내가 붙잡아 입에 도로 넣고 싶은 것도 있다."

그러나 그는 고상한 품격의 소유자였다. 그의 백화점에서 인종 차별을 종식시켰고, 피닉스의 학교나 레스토랑, 그리고 주 방위군에서 인종 차별을 종식시키는 데 앞장섰다. 그럼에도 1964년 시민권법에 반대표를 던져 파문을 일으켰다. 그는 그것이 헌법에 부합하지 않는다고 믿었기 때문이다. 이 문제로 인해 그해 대선에서 흑인들은 그에게 등을 돌렸고, 그것도 패인(敗因)의 하나로 작용했다.

공화당 의원들이 민주당 정책과 비슷한 정책을 옹호하면, 그는 그들을 거침없이 '나도 주의'(me-tooism)이라고 비판했다. 또한 아이젠하워 행정부를 '싸구려 뉴딜 백화점'이라고 비판하기도 했다.

이로 말미암아 아이젠하워 대통령은 그를 호의적으로 보지 않았다. 그러나 그는 그런 것에 전혀 개의치 않고 자신의 소신에 충실했다.

그의 상원의원 지역구 계승자인 존 매케인은 그에 대해 이렇게 말했다. "그는 공화당을 동부의 엘리트 조직에서 로널드 레이건의 당선을 위한 묘판(breeding ground)으로 변모시켰다." 그를 통해 공화당이 명망가 조직에서 가치 조직으로 다시 태어났다는 것이다.

1998년 5월 29일 당시 민주당 출신의 클린턴 대통령은 그의 부음을 듣고 이렇게 말했다.

"그는 진정한 아메리칸 오리지널(American original)이다. 나는 결코 그런 인물을 본 적이 없다…. 그는 위대한 애국자이며, 정말 멋진 사람이었다."

다양한 면모를 지닌 그의 비범한 삶에 대해, 이보다 적절한 헌사는 없을 것이다.

옮긴이 **박종선**

연세대학교를 졸업하고 일본 게이오대학에서 수학했다. 사회개발연구소 부소
장, 청와대 대통령비서실 비서관, 경기도지사 정책특별보좌관, 한국공항공사
상임감사 등을 역임했다. 현재는 〈주간조선〉에 '지금 이 책' 시리즈를 연재하
는 등 인문학 칼럼니스트로 활동하고 있다. 번역서로는 어빙 재니스의 〈집단
사고〉(근간) 등이 있다.

보수주의자의 양심

1판 1쇄 발행 2019년 2월 28일
1판 5쇄 발행 2020년 9월 17일

지은이 배리 골드워터
옮긴이 박종선
발행인 함초롬
발행처 도서출판 열아홉

책임편집 조양욱
표지 디자인 Papergum
내지 디자인 문홍주
삽화 김찬우
마케팅 조동호

주소 서울시 종로구 효자로 7-2 오리온빌딩 302호
전화 02-720-1930
팩스 02-720-1931

ISBN 979-11-966124-0-5 03340